신라왕조실록 1

혁거세거서간~지증마립간 편

차례
Contents

들어가며 **3**

제1대 혁거세거서간 **9**

제2대 남해차차웅 **17**

제3대 유리이사금 **21**

제4대 탈해이사금 **27**

제5대 파사이사금 **43**

제6대 지마이사금 **60**

제7대 일성이사금 **65**

제8대 아달라이사금 **70**

제9대 벌휴이사금 **74**

제10대 내해이사금 **78**

제11대 조분이사금 **85**

제12대 첨해이사금 **89**

제13대 미추이사금 **93**

제14대 유례이사금 **97**

제15대 기림이사금 **101**

제16대 흘해이사금 **103**

제17대 내물이사금 **118**

제18대 실성이사금 **129**

제19대 눌지마립간 **135**

제20대 자비마립간 **158**

제21대 소지마립간 **168**

제22대 지증마립간 **179**

일러두기 · 이 책에 표기된 연도 중 기원전이 아닌 연도는 편의상 '서기'를 생략한다.

· 이 책의 날짜는 모두 음력이다.

· 『삼국사기』에 속하는 「신라본기」 「고구려본기」 「백제본기」 「열전」은
『삼국사기』를 처음 한 번만 표기하고 이후는 생략한다.

들어가며

　신라는 한국사로 여기는 범주에서 가장 오래 지속된 왕조다. 그러다 보니 다른 왕조에 비해 감안해야 할 변수도 많다. 우선 역사가 오래되다 보니 그중 일부에 대한 의혹이 제기된다. 특히 초기 기록의 신빙성에 대해 의혹을 제기하는 경우가 있다. 이 점에 대해서는 고구려나 백제도 마찬가지라고 할 수 있지만, 정도가 좀 다르다. 고구려는 태조왕까지 100년 남짓 되는 시간이 의혹의 대상이다. 백제도 고이왕까지 300년 정도다. 그런데 신라는, 길면 법흥왕 때까지고 짧아도 내물왕 때까지 시비가 걸린다.

　최소한 400년 동안의 역사 기록에 시비가 걸리면, 아무래도 국가와 역사의 시작에 대한 이야기가 달라질 수밖에 없다. 하지만 시비를 거는 측이 있다고 해서 무조건 그 뜻을 반영해야 한다는 논리는 성립하지 않는다. 사실 시비의 근거 자체가 성립하지 않는 '생트집' 수준의 것도 있기 때문이다.

신라 초기 역사가 조작되었다며 황당한 근거를 드는 경우가 많다. 가장 대표적으로는 왕족을 비롯한 신라 요인들의 계보와 활동 연대가 납득하기 어려울 정도로 차이가 난다는 이유를 든다. 이를 대한민국 최고 대학 출신의 신라사 전문가가 주장한다는 사실이 믿기 어려울 정도다. 이는 신라 사회의 기본 구조조차 이해하지 못한 상태에서 주장을 내놓은 것이나 마찬가지기 때문이다.

그런데 알고 보면 이렇게 활동 연대 순서 앞뒤가 안 맞는 모순이 생기는 것은, 당시의 극단적 계보 혼란이 빚은 당연한 결과다. 잘 알려져 있듯이 신라 사회는 이른바 '골품(骨品)'에 따라 신분을 정했고, 높은 신분을 유지하려면 불가피하게 극단적인 근친혼을 해야 했다. 이러다 보면 작은아버지와 조카딸의 혼인 관계처럼, 계보에 혼선을 일으키는 경우가 엄청나게 생길 수밖에 없다. 이런 관계가 몇 대에 걸쳐 맺어지면, 사정을 잘 알고 있는 당사자조차 명확하게 알기 어려울 만큼 친족 관계에 혼선을 일으키게 된다. 하물며 훨씬 시간이 흐른 다음인 데다가, 유교 윤리가 자리 잡혀 근친상간에 해당하는 이야기를 제대로 언급하지 못하는 고려 시대라면 그 혼란은 더욱 심해질 수밖에 없다.

이와 같이 자연스럽게 생겨난 계보의 혼란을, 신라 초기 역사가 조작되었다는 근거로 이용하는 것은 무리가 있다. 신라의 제도와 문화에 대한 기본적인 이해를 바탕으로 하지 않고, 꼬투리 잡듯이 신라 초기 역사를 지워버리겠다는 주장은 받아들이기 힘들다. 사실 초기 기록치고 어느 정도 혼선과 모순이 없는 역사는 드물다. 그렇기 때문에 이 책에서는 부정할 근거가 확실하지 않은 초기 기록은 일단 반영하고자 한다.

이런 문제와 연결되는 요소 중 하나가 주변 세력과의 관계다. 역사 기록에서 주변 세력과의 관계는 비중이 클 뿐 아니라, 이를 통해 서로 자기 좋을 대로 남겨놓은 기록을 검증할 계기를 마련해주기도 한다.

그런 측면에서 주목되는 이웃이 왜(倭)이다. 사실 한국 고대사의 관심사 중 하나가 현재 일본열도 세력의 조상인 왜와의 관계다. 그런데 왜는 백제보다 신라와 가야가 먼저 관계를 맺기 시작했다. 하지만 가야는 결국 중앙집권적인 고대국가로 발전하지 못하고 소멸해버렸다. 이 때문에 처음부터 왜와 관계가 밀접했던 신라 초기 역사가 이른바 '고대 한일 관계사'에서 주목받을 수밖에 없는 것이다.

그런데 신라와 관계된 왜의 역사를 쓸 때에는 다른 나라보다 심각한 고민을 해야 한다. 바로 『일본서기(日本書紀)』의 연표 조작 때문이다. 사실 이것은 고구려·백제·가야 경우도 같이 고민해야 하는 문제이기는 하지만, 신라의 경우 이들 나라보다 더 골치 아픈 문제가 많다.

고구려는 그 역사 서술에서 왜가 차지하는 비중이, 좀 심하게 말하면 무시해도 좋을 만큼 적다. 그러다 보니 적당히 얼버무려도 고구려 역사를 이해하는 데 심각한 문제가 되지 않는다. 백제 역사에서는 왜가 고구려보다 훨씬 큰 비중을 차지하지만, 4세기 중후반 근초고왕 때가 되어서야 관계가 시작된다. 이때는 『일본서기』 연표 조작의 중심이 되는 진구황후[신공황후神功皇后]의 집권 시기이므로 연표 조작 문제 자체를 거론하며 서술할 수 있다. 또 이 시기를 넘어가면 문주왕 때부터는 어느 정도 『일본서기』와 『삼국사기』의 연표가 맞아가므로 고민해야 할 시기가 상대적으로 적다. 가야는 대부분의 기록이 다른 세력과의 관계 속에서 나타나기 때문에 묻어서 서술하는 방법을 취할 수 있다.

이에 비해 신라는, 백제보다도 훨씬 오래인 그 초기 역사 수백 년 동안, 실제로 언제 일어났는지 확신할 수도 없는 내용을 가지고 왜와의 관계를 설명해야 한다. 이것이 신라 상대(上代)라 불리는 초기 역사 서술에서 또 하나의 난점인 셈이다. 피상적으로는 혁거세(재위 기원전 57~서기 4년) 집권 시기에 관계가 맺어졌다고 되어 있는 『일본서기』 기록을 120년 뒤로 미루어 1세기경으로 옮겨놓아야 하는 이유가 여기에 있다. 신라 초기 역사에서는 이러한 점을 감안하여, 그 줄기를 따라와 주었으면 한다.

신라 역사 중반쯤 해서 또 한 가지 문제가 되는 것이 『화랑세기(花郎世記)』다. 지금까지도 현재 시중에 돌고 있는 『화랑세기』가 진짜인지 조작해낸 것인지에 대한 논란이 이어지고 있다. 이렇게 논란이 있는 사료(史料)를 이용하면, 이를 기반으로 복원된 역사도 자칫 조작된 역사가 될 수 있다. 하지만 현재 알려진 『화랑세기』 내용은 『삼국유사』 『삼국사기』 등의 내용을 보완해주는 역할을 주로 하고 있을 뿐, 상반되는 내용이 많지는 않다. 따라서 『화랑세기』 기록이라는 점을 밝히고 내용을 소개한다면 특별히 신라 역사를 심각하게 왜곡해서 알릴 일은 적어진다.

더구나 현재 고대사 학계에서는 『화랑세기』가 위작이라는 증거를 조작까지 해내는 경우도 있다. 나중에 『화랑세기』가 가짜임이 밝혀진다고 해도, 이런 행각이 용서받을 수 있는 것은 아니다. 그럼에도 책임 있는 위치에 있는 학자들이 이런 행각을 벌이고 있는 것이 현실이다. 그렇기 때문에 도대체 어떤 내용이기에 이렇게 근거 조작까지 자행하고 있는

지 살펴보기 위해서라도 기초적인 범위에 속하는 『화랑세기』 내용 정도는 소개할 필요가 있을 듯하다.

이 책은 신라 역사를 일목요연하게 정리해 한눈에 손쉽게 살펴볼 수 있도록 하려는 의도로 썼다. 그래서 후반부 일본과의 교류 같은 데서는 유명하지 않은 사신의 이름까지 구체적으로 밝히지 않았다. 또한 특별한 정치적 사건과 연계되지 않은 사신 교류 같은 내용은 간략한 상황만 적어두고 넘어갔다. 일본 쪽 사료도 『속일본후기(續日本後紀)』까지만 다뤘다.

각 인물에 대한 설화도 마찬가지다. 신라 후기에도 양적으로 많은 내용이 남아 있는 인물이 제법 있으나, 역사적 사실이라고 생각하기 어렵거나, 중요시되는 사건과 관계되지 않은 인물에 대해서는 생략한 부분이 있다. 독자 여러분의 양해를 바란다.

제1대 혁거세거서간

신라 시조 혁거세(赫居世)의 성(姓)은 박씨(朴氏)라고 되어 있다. 그가 나라를 세운 시기를 기원전 57년(혁거세 1)이라고 알 게 된 이유는, 즉위한 때가 전한(前漢) 효선제(孝宣帝) 오봉(五鳳) 원년 4월 28일(또는 정월 15일)이라는 기록이 『삼국사기』에 있기 때문이다. 이때 혁거세의 나이는 13세였고, 나라이름을 서나벌(徐那伐)이라 했다. 그리고 통치자로서의 자신을 거서간(居西干)이라 일컬었다. 『삼국유사』에는 그의 왕위에 대한 칭호[위호位號]가 거슬감(居瑟邯)이라고 되어 있다.

혁거세가 나라를 세우는 과정 역시 『삼국사기』에 설화의 형태로 남아 있다. 그 내용은 이렇다.

조선(朝鮮)의 유민(遺民)들이 산골짜기 사이에 나뉘어 살며 6촌(六村)을 이루고 있었다. 첫째는 알천(閼川) 양산촌(楊山村)이고, 둘째는 돌산(突山) 고허촌(高墟村), 셋째는 취산(觜山) 진지촌(珍支村: 또는 간진촌干珍村이라고도 한다), 넷째는 무산(茂山) 대수촌(大樹村), 다섯째는 금산(金山) 가리촌(加利村), 여섯째는 명활산(明活山) 고야촌(高耶村)인데, 이것이 진한(辰韓) 6부(六部)가 되었다.

어느 날 고허촌의 우두머리 소벌공(蘇伐公)이 양산 기슭을 바라보니, 나정(蘿井) 옆의 숲 사이에서 말이 무릎을 꿇고 앉아 울고 있었다. 소벌공이 그곳에 가보니 말은 사라지고 큰 알만 남아 있었다. 그것을 쪼개자 어린아이가 나왔고, 소벌공은 그 아이를 거두어서 길렀다.

혁거세의 나이가 10여 세에 이르자, 남달리 뛰어나고 숙성(夙成)했다. 6부 사람들은 그 출생이 신비하다고 존경해오다가, 이때 그를 임금으로 추대했다. 진한 사람들[진인辰人]은 박[호瓠]을 박(朴)이라 불렀는데, 혁거세가 깨고 나온 큰 알이 마치 박처럼 생겼다는 이유로 그의 성(姓)을 박(朴)으로 삼았다.

이런 설화 뒤에 거서간은 진한의 말[진언辰言]로 왕을 뜻하며, "고귀한 사람을 부르는 호칭이라고도 한다"는 해설이 붙어 있다. 『삼국유사』에도 그가 태어나서 왕위에 오르는 과정은 비슷하다. 단지 소벌공 혼자가 아니라 6부의 촌장이, "임금이 없으니 백성들이 방자하다"며 의논하여 임금을 찾아 나선 것으로 되어 있을 뿐이다.

혁거세가 즉위한 후『삼국사기』에 맨 처음 나오는 기록이, 기원전 54년(혁거세 4) 4월 초하루에 "일식(日食)이 있었다"는 간단한 내용이다. 그리고 다음 해인 기원전 53년(혁거세 5) 정월에 알영(關英)을 왕비로 삼았다고 한다. 이에 이어 알영의 탄생 설화가 나온다.

용(龍)이 알영정(關英井)에 나타나 오른쪽 옆구리에서 여자아이를 낳았는데, 이를 보고 이상히 여긴 어떤 할멈[노구老嫗]이 거두어 키웠다. 이때 주워다 키운 여자아이의 이름은 우물의 이름을 따서 지었다. 자라면서 덕행과 용모가 뛰어났고, 혁거세가 이를 듣고서 왕비로 맞아들였다는 것이다. 행실이 어질고 보필을 잘하여, 당시 사람들은 그들을 두 성인[이성二聖]이라 일컬었다고 한다.

『삼국유사』의 내용도 약간의 차이가 있을 뿐 거의 비슷하다. 알에서 나온 혁거세를 두고 "이제 천자가 하늘에서 왔으니, 당연히 덕이 있는 왕후를 찾아 배필을 삼아야 할 것"이라며 짝을 찾았는데, 이날 사량리(沙梁里)에 있는 알영정(關英井:아리영정娥利英井이라고도 한다) 주변에 계룡(鷄龍)이 나타나 왼쪽 갈비에서 계집아이를 낳았다. 용모는 매우 고왔으나 입이 닭의 부리처럼 생겼는데, 월성의 북천에 가서 목욕을 시키니 그 부리가 떨어졌다. 그래서 그 내를 발천(撥川)이라고 불렀다 한다. 그리고 "남산 서쪽 기슭에 궁궐을 짓고 두 사람을 받들어 기르다가 13세 되는 나이에 왕과 왕비로 삼았다"고 되어 있다.

기원전 50년(혁거세 8) 기록에는 그의 인덕(人德)을 강조하는 설화적 사건이 나온다. 왜인(倭人)이 군사를 이끌고 와서 변경을 침범하려다가, 혁거세가 거룩한 덕을 지니고 있다는 말을 듣고서 되돌아갔다는 것이다.

기원전 49년(혁거세 9) 3월에 "살별[성패星孛: 혜성]이 왕량(王良: 28수二十八宿 가운데 동방창룡칠수東方蒼龍七宿의 하나인 별자리)에 나타났"고, 기원전 44년(혁거세 14) 4월에 "살별이 참(參: 28수의 하나로 서방西方 신申 쪽에 있는 별자리)에 나타났다"는 천문 관측 기록 두 개가 연거푸 나온 뒤 본격적인 혁거세의 치적이 나온다.

기원전 41년(혁거세 17) 왕은 왕비 알영과 함께 6부를 돌면서 민심을 달래며, 농사와 누에치기에 힘써 땅을 다 효율적으로 이용하도록 했다. 이렇게 나라를 정비해나가자, 기원전 39년(혁거세 19) 정월, 변한(卞韓)이 항복해 왔다고 한다.

기원전 37년(혁거세 21) 수도[경京]에 금성(金城)을 쌓았다. 그리고 이해에 고구려의 시조 동명(東明)이 왕위에 올랐다는 기록이 나온다. 기원전 34년(혁거세 24) 6월 그믐에는 일식이 있었고, 2년 후인 기원전 32년(혁거세 26) 정월에는 금성에 왕궁의 건물을 지었다.

기원전 28년(혁거세 30) 4월 기해(己亥)에도 일식이 있었다. 이때 낙랑(樂浪)이 쳐들어오면서 벌어졌던 에피소드가 기록되어 있다. 침공해 온 낙랑의 군대가, 변경에 사는 신라 사람들이 밤에도 집의 문을 잠그지 않을 뿐 아니라 노적가리도 들에 그대로 쌓아둔 것을 보았다. 그러자 "이곳 백성들은 서로 도둑질을 하지 않으니 도(道)가 있는 나라라 할 만하다. 우리가 군사를 거느리고 습격한다면 도둑과 다름이 없으니 부끄럽지 않을 수 있겠는가?"라면서 되돌아갔다는 것이다.

기원전 26년(혁거세 32) 8월 그믐에 일식이 있었고, 6년 후인 기원전 20년(혁거세 38) 2월에 호공(瓠公)을 마한(馬韓)에 사신으로 보냈다는 일화가 나온다. 호공을 맞은 마한 왕은 호통을 쳤다. "진한과 변한은 우리의 속국인데, 근년에 공물(貢物)을 보내지 않느냐"며 따진 것이다.

그러자 호공은 "우리나라에 두 성인이 나와서 나라가 잘 다스려져, 진한의 유민들부터 변한·낙랑·왜인에 이르기까지 두려워한다. 그럼에도 우리 임금이 이곳에는 겸허하게 신하인 나를 보내 안부를 묻게 했으니, 지나칠 만큼 예를 갖추었다고 할 수 있다. 그런데도 대왕께서 위협하니 이것이 무슨 경우인가?"라며 대응했다. 마한 왕은 심하게 화를 내며

호공을 죽이려고 하였으나, 신하들의 만류로 돌려보냈다고
한다.

『삼국사기』「신라본기」에는 "중국 사람들이 진(秦)나라의
난리 때문에 동쪽으로 피난 오는 사람이 많았다. 그중 상당
수가 마한의 동쪽에 터를 잡고 진한 사람들과 더불어 섞여
살며 번성하자, 마한이 견제하려고 호공에게 호통을 친 것"
이라는 해석을 붙여놓았다. 이 에피소드의 주인공인 호공은
그 가문과 성(姓)은 자세히 알 수 없으나 본래는 왜인이었다
고 한다. 그리고 "박을 허리에 매고서 바다를 건너온 까닭에
호공(瓠公)이라 불렀다"는 설명이 붙어 있다.

그런데 기원전 19년(혁거세 39) 신라를 위협했던 마한 왕
이 죽었다. 그러자 어떤 사람이 혁거세에게 "마한 왕이 지난
번에 우리의 사신을 욕보였으니, 지금 상(喪)을 당한 틈을 타
그 나라를 치자"고 했다. 그러나 혁거세는 "다른 사람의 불
행을 이용하는 것은 도리가 아니다"며 따르지 않았다. 뿐만
아니라 사신을 보내 조문까지 했다 한다. 이와 같이 혁거세
에 대한 설화는, 그가 훌륭한 인덕을 가지고 있었다는 점을
강조하는 방향으로 남아 있다.

기원전 18년(혁거세 40)에는 백제의 시조 "온조(溫祚)가 왕
위에 올랐다"는 사실을 간단하게 기록해놓았다. 기원전 15년
(혁거세 43) 역시 2월 그믐에 일식이 있었다는 점만 나온다.

기원전 5년(혁거세 53), 또 한 번 혁거세의 덕을 부각시키는 기록이 나온다. 동옥저(東沃沮) 사신이 와서 좋은 말 20필을 바쳤다. 그러면서 "저희 임금이 남한(南韓)에 성인이 났다는 소문을 듣고, 신을 보내 말을 바치게 했습니다"라고 했다는 것이다.

  이후로는 이렇다 할 내용이 나타나지 않고 기이한 현상이 이어진다. 기원전 4년(혁거세 54) 2월에 살별이 하고(河鼓: 독수리자리의 가장 밝은 별)에 나타났다. 그리고 기원전 2년(혁거세 56) 정월 초하루, 2년(혁거세 59) 9월 그믐에 일식이 있었다. 3년(혁거세 60) 9월에는 두 마리의 용이 금성의 우물 가운데에서 나타났다. 그런 다음 갑자기 천둥이 치고 비가 내렸으며, 금성 남문에 벼락이 쳤다고 한다. 이런 일이 있은 후인 4년(혁거세 61) 3월, 왕이 죽었다[승하昇遐]. 혁거세의 장사(葬事)는 담암사(曇巖寺) 북쪽에 있는 사릉(蛇陵)에 지냈다.

  『삼국유사』에는 혁거세의 죽음과 사릉의 기원에 대해 약간의 이야기가 더 나온다. 설화 형태이기는 하지만, 그가 나라를 다스린 지 61년째 되던 날 하늘로 올라갔다는 것이다. 7일 후 몸뚱이가 땅에 흩어져 떨어졌고, 왕후도 왕을 따라서 세상을 하직했다. 나라 사람들이 이들을 같이 묻어주려고 하는데 큰 뱀이 나타나 방해를 했다. 그래서 머리와 사지를 따로 장사 지내어, 다섯 개의 능을 만들었다. 이것이 사릉(蛇陵)

이라는 이름이 붙게 된 이유라는 것이다.

　『삼국유사』에는 신라를 달리 계림(鷄林)이라고 부른 이유도 나와 있다. 왕비 알영도 닭의 모습을 한 계룡이 낳았고, 나중 일이지만 김씨의 시조라는 알지도 숲속에서 닭이 울어 그 탄생을 알렸다는 등, 닭과 연관된 중요한 사건이 있었다. 그래서 탈해 때 나라 이름을 계림이라고 했다가 나중에 신라로 고쳤다는 것이다.

제2대 남해차차웅

4년(남해 1), 혁거세의 뒤를 이어 왕위에 오른 인물이 남해(南解)다. 그는 혁거세의 친아들[적자嫡子]로, 신체가 컸다. 성품은 침착하고 중후하면서도 지략이 있었다 한다. 어머니는 알영(閼英)이고, 왕비는 운제부인(雲帝夫人: 또는 아루부인阿婁夫人)이다.

그런데 남해는 아버지 혁거세처럼 통치자로서 거서간이라 하지 않고, 차차웅(次次雄: 또는 자충慈充)이라 했다. 「신라본기」에는 김대문(金大問)의 말을 인용하여 이에 대한 설명을 붙여놓았다. 차차웅은 신라 말로 무당을 일컫는 말이라는 것이다. 무당은 귀신을 섬기고 제사를 받들었기 때문에 세상

사람들이 두려워하고 공경하여, 이 말이 고귀한 사람의 존칭으로 바뀌었다고 설명해놓았다.

또, 『삼국사기』에는 그가 즉위한 해인 4년(남해 1)을 원년으로 칭했던 것에 대해 비판한 내용이 붙어 있다. 임금이 즉위하면 해를 넘겨 원년을 칭하는 것은, 그 법이 『춘추(春秋)』에 상세히 나와 있으며 고칠 수 없는 법이다. 그런데도 남해차차웅이 즉위한 해를 원년이라고 했으니 옳지 않다는 것이다.

남해는 즉위한 후 위기를 맞았다. 4년(남해 1) 7월, 낙랑이 침공해 와 금성을 몇 겹으로 둘러쌌기 때문이다. 이때 남해는 신하들에게 "부모는 성인이었으나, 덕이 없는 자신이 추대되어 두려워하던 이웃 나라의 침략을 받으니 어찌하면 좋겠는가"라며 한탄했다. 그러자 신하들은 "적(賊)은 우리가 국상(國喪)당한 틈을 타 비겁하게 군사를 이끌고 쳐들어왔으니 하늘이 그들을 돕지 않을 것이다. 그러니 지나치게 두려워하지 않아도 된다"고 남해를 안심시켰다. 그랬더니 낙랑군은 곧 물러갔다.

이후 10년에 걸쳐서는 큰 위기가 보이지 않는다. 6년(남해 3) 정월에 시조묘(始祖廟)를 세웠고, 10월 초하루에 일식이 있었다. 8년(남해 5) 정월, 남해는 탈해(脫解)가 어질다는 소문을 듣고 맏딸을 그에게 시집보냈다. 그리고 2년 후인 10년(남해 7) 7월, 탈해를 대보(大輔)로 삼아 군사 업무[군무軍務]와 국정(國政)을 맡겼다. 11년(남해 8)에는 봄·여름에 걸쳐 가뭄이 들었다.

14년(남해 11)에는 왜의 병선(兵船) 100여 척이 침략해 왔다. 이들이 바닷가의 민가를 노략질하자, 남해는 6부의 정예 군사를 출동시켜 그들을 막았다. 이 틈을 타 낙랑에서 금성을 공격해 와, 신라 측은 심각한 위기에 몰렸다. 그런데 밤에 유성(流星)이 적의 진영에 떨어지자 낙랑은 두려움을 느끼고 물러났다. 이들은 알천(閼川)가에 진을 치고 돌무더기 20개를 만들어놓고 철수했다. 신라 군사 1,000명이 그들을 추격했는데, 토함산(吐含山) 동쪽에서부터 알천까지 쌓여 있는 돌무더기를 보고 적의 규모가 크다는 사실을 알고 추격을 중지했다 한다.

이후 한동안은 일식과 가뭄 기록만 나온다. 16년(남해 13) 7월 그믐에 일식이 있었다. 그리고 18년(남해 15) 수도에 가뭄이 들었고, 7월에는 병충해를 입었다. 이 때문에 백성들이 굶주리자 남해는 창고의 곡식을 풀어 구휼했다.『삼국유사』에는 이해에 "고구려의 속국인 일곱 나라가 항복해 왔다"고 되어 있다.

19년(남해 16) 2월에 북명(北溟) 사람이 밭을 갈다가 예왕(濊王)의 인장을 얻어 바쳤다고 한다. 그랬음에도 22년(남해 19)에는 전염병이 번져 많은 사람들이 죽었다. 그리고 11월에 얼음이 얼지 않는 이상 난동 현상이 나타났다.

23년(남해 20) 가을에 금성[태백太白]이 태미(太微: 북극을 중심으로 천체天體를 크게 세 구역으로 나눈 자미원紫微垣·태미원太微垣·천시원天市垣 중의 하나)에 들어가는 일이 있었다. 그리고 다음 해인 24년(남해 21) 9월, 메뚜기 떼에 재해를 입어 농사를 망친 이해에 남해가 죽었다[흥薨]. 남해도 혁거세가 묻힌 사릉원(蛇陵園) 안에 장사 지냈다.

제3대 유리이사금

남해가 죽자, 태자였던 유리(儒理)가 24년(유리 1) 왕위에
올랐다. 그의 어머니는 운제부인이다. 왕비의 이름은 기록에
없어 혼선이 좀 있다. 일지갈문왕(日知葛文王)의 딸이라고도
하고, 성이 박씨인 허루왕(許婁王)의 딸이라고도 한다.

태자였던 유리가 왕위에 오르는 것은 당연한 일이었지만,
그 과정에 하나의 일화가 있었다. 대보(大輔)였던 탈해가 덕
망이 있었기 때문에, 유리가 왕위를 사양했다는 것이다. 그
러자 탈해가 하나의 제안을 했다. "임금 자리는 용렬한 사람
이 감당할 수 있는 바가 아니니, 성스럽고 지혜로운 사람이
해야 한다. 그런 사람은 이[치齒]가 많다고 하니 떡을 깨물어

서 시험해보자"는 것이었다. 막상 그렇게 해보니 유리의 이빨 자국[치리齒理]이 많았다. 이 때문에 유리가 왕위에 올랐다는 것이다.

그래서 유리 때부터는 신라의 통치자를 이사금(尼師今)이라 불렀다. 그 이유에 대해서도 역시 김대문의 말을 인용해서 설명하고 있다.

이사금은 방언으로 이빨 자국을 일컫는 말이다. 남해(南解)가 죽기 전에 아들 유리(儒理)와 사위 탈해(脫解)에게 "내가 죽은 후에 너희 박(朴)·석(昔) 두 성(姓) 가운데 나이가 많은 사람이 왕위를 이어라"는 유언을 남겼다. 이 후에 김씨가 더해져 3성(三姓) 중에서 나이가 많은 사람이 왕위를 이었기 때문에 이사금이라 불렀다.

이 역시 유리가 이빨 자국이 많아 왕위를 잇게 되었다는 내용과 일맥상통한다. 단지 이사금이라는 말의 기원에 대한 설명이 덧붙여진 셈이다. 『삼국유사』에는 유리왕 때에 도솔가(兜率歌)를 지었는데, 차사(嗟辭)와 사뇌격(詞腦格)이 있었다고 되어 있다. 보습·얼음 창고·수레도 이때에 만들었다고 한다.

즉위한 다음 해인 25년(유리 2) 2월, 유리이사금은 친히 시조묘(始祖廟)에 제사 지내고 대규모 사면을 시행했다.

28년(유리 5) 11월에는 직접 나라 안을 돌아보다가, 한 할멈이 굶주린 채 얼어서 죽어가는 것을 보고 자신을 질책하며 백성을 보살핀 언행 기록이 있다. 유리는 "부족한 내가 왕위에 올라 백성을 기르지 못하여 늙은이와 어린 아이로 하여금 이 지경에까지 이르게 하였으니, 나의 죄"라 한탄하며 옷을 벗어서 덮어주고 밥을 주어 먹였다고 한다.

그리고 담당 관청에 명하여 나라에 있는 홀아비와 홀어미, 고아, 자식 없는 늙은이[환과고독鰥寡孤獨]을 비롯하여, 늙고 병들어 스스로 살아갈 수 없는 사람을 위문하고 양식을 나눠주었다. 이 소문이 퍼지자, 이웃 나라의 백성들이 신라로 대거 옮겨 왔다고 한다. 이렇게 신라가 번영하고 안정되자 도솔가(兜率歌)를 지었고, 이것이 가악(歌樂)의 시초가 되었다고 기록해놓았다.

32년(유리 9) 봄, 6부의 이름을 바꾸고 각 부마다 성(姓)을 내려주었다. 양산부를 양부(梁部)로 고치며 성은 이(李), 고허부를 사량부(沙梁部)로 고치며 성은 최(崔), 대수부를 점량부(漸梁部: 또는 모량부牟梁部)로 고치며 성은 손(孫), 간진부를 본피부(本彼部)로 고치며 성은 정(鄭), 가리부를 한기부(漢祇部)로 고치며 성은 배(裵), 명활부를 습비부(習比部)로 고치며 성은 설(薛)로 정해주었다는 것이다.

이와 함께 17등급의 관등도 정했다. 1등급은 이벌찬(伊伐湌), 2등급은 이척찬(伊尺湌), 3등급은 잡찬(迊湌), 4등급은 파진찬(波珍湌), 5등급은 대아찬(大阿湌), 6등급은 아찬(阿湌), 7등급은 일길찬(一吉湌), 8등급은 사찬(沙湌), 9등급은 급벌찬(級伐湌), 10등급은 대나마(大奈麻), 11등급은 나마(奈麻), 12등급은 대사(大舍), 13등급은 소사(小舍), 14등급은 길사(吉士), 15등급은 대오(大烏), 16등급은 소오(小烏), 17등급은 조위(造位)였다.

유리는 6부의 체제를 정비하고 나서 축제를 하나 만들었다. 6부를 반씩 나누어 두 명의 공주로 하여금 각각 여자들 한 무리씩을 거느리고 길쌈으로 경쟁하도록 한 것이다. 7월 16일부터 매일 아침 일찍 큰 부[대부大部]의 뜰에 모여서 시작하여, 밤 10시경까지 길쌈을 하도록 했다. 이를 8월 15일까지 해서 그때까지 어느 편이 더 많이 했는지 겨루는 방식이었다. 그래서 진 편은 술과 음식을 차려서 이긴 편에게 대접하게 했다.

이러면서 춤과 노래를 비롯한 온갖 놀이를 하는데, 그것을 가배(嘉俳)라 불렀다. 이때 진 편에서 한 여자가 일어나 춤을 추며 "회소(會蘇), 회소(會蘇)"라고 하였는데, 그 소리가 슬프고도 아름다워 후대 사람들이 그 소리를 따라서 지은 노래에 회소곡(會蘇曲)이라는 이름을 붙였다고 한다.

34년(유리 11) 수도[경도京都]의 땅이 갈라져 샘물이 솟았고, 6월에 홍수가 났다. 2년 후인 36년(유리 13) 8월에는 낙랑이 북쪽 변경을 침범하여 타산성(朵山城)을 함락했다. 그런데 다음 해인 37년(유리 14) 고구려의 대무신왕이 낙랑을 멸망시켰다. 낙랑의 습격을 받았던 적이 있었음에도 유리는, 투항해 온 낙랑 사람 5,000명을 6부에 나누어 살게 했다.

40년(유리 17) 9월에 화려현(華麗縣)과 불내현(不耐縣) 사람들이 모의하여 기병을 이끌고 북쪽 변경을 침범했다. 그런데 이 침공은 다른 세력의 도움으로 쉽게 격퇴했다. 맥국(貊國)의 우두머리가 자신의 군대를 동원하여 곡하(曲河)의 서쪽에서 막았다는 것이다. 유리왕은 기뻐하며 맥국과 우호를 맺었다. 2년 후에도 이 효과는 유지되고 있었다. 42년(유리 19) 8월, 맥국의 우두머리가 사냥하여 얻은 새와 짐승을 바쳤다는 것이다. 그런데 『삼국유사』에 나오는 이야기는 좀 다르다. 이해에 이서국(伊西國)을 쳐서 멸망시켰고, 고구려 군사가 침공해 왔다고 되어 있다.

54년(유리 31)부터 그 2년 후까지는 묘한 일이 일어났다. 이해 2월에 살별이 자궁(紫宮)에 나타났다. 56년(유리 33) 4월에는 용이 금성(金城)의 우물에 나타난 다음, 폭우가 서북쪽에서부터 몰려왔다. 5월에는 나무가 뽑힐 정도로 큰바람이 불었다.

그런 다음인 57년(유리 34), 왕은 병에 걸렸다. 9월, 병이 든 유리는 신료들을 모아놓고 유언을 남겼다. "탈해는 임금의 친척이고 재상 자리에 있으며 여러 번 공(功)을 세웠다. 짐 (朕)의 두 아들은 탈해에 미치지 못하니 그에게 왕위를 잇도록 하라"는 것이다. 이 유언을 남긴 다음 달인 10월, 유리왕이 죽자 사릉원(蛇陵園) 안에 장사를 지냈다.

제4대 탈해이사금

수수께끼의 인물 탈해

유리의 뒤를 이은 탈해(脫解: 또는 토해吐解)는 62세의 나이로 왕위에 올랐다. 유리에게 왕위를 양보한 지 34년이 지나고 난 뒤이니 나이가 많아진 것은 당연하다. 하지만 여기서 그의 나이 계산이 맞지 않는다는 말이 나온다. 간단한 계산으로도 이상한 점은 바로 드러난다.

그의 즉위년은 57년(탈해 1)이다. 62세에 왕위에 올랐다 했으므로, 그가 태어난 연대는 역산하면 기원전 5년이다. 그런데 『삼국유사』 기록을 보면 탈해가 진한(辰韓) 아진포구(阿珍

浦口)에 도착한 시점이 혁거세(赫居世) 39년이라 한다. 혁거세 39년은 기원전 19년이 된다. 즉 탈해는 태어나기도 전에 아진포구에 나타난 셈이다. 『삼국사기』에는 이런 기록들이 많다. 그래서 이를 빌미로 『삼국사기』가 조작되었다고 주장하는 경향도 있다.

어쨌든 탈해의 성(姓)은 석(昔)씨고 왕비는 아효부인(阿孝夫人)이다. 여기서 재미있는 점이 나타난다. 신라에 성이 다른 시조 셋이 있다는 점은 상식이다. 이 중에서 박씨와 김씨는 이후 신라 왕실을 이루는 주요 세력으로 자리 잡았지만, 석씨의 존재는 상대적으로 크지 않다. 그런데 석씨의 시조라는 탈해에 대한 이야기는 다른 성의 시조보다 훨씬 많다.

박씨의 시조 혁거세는 6촌장의 추대로 왕이 되어 신라를 세운 이후에는, 그 활약에 대하여 이렇다 할 만한 특징이 별로 없다. 시조 대부분에 대한 묘사처럼 훌륭한 인물이라는 시사가 강조될 뿐이다. 김씨의 시조 알지(閼智)는 왕이 되지도 못했고, 탄생 설화 이외의 활약상도 거의 없다.

반면 탈해는 출신부터 엇갈리는 논란의 대상이다. 『삼국사기』에는 탈해가 다파나국(多婆那國)에서 태어났다 하고, 『삼국유사』에는 용성국(龍城國)·정명국(正明國)·완하국(玩夏國)·화하국(花廈國) 등으로 설이 분분하다. 단지 탈해가 태어난 나라가 왜국의 동북쪽 1,000여 리쯤에 있다는 점만 같다.

이처럼 탈해의 탄생 설화 역시 범상치 않다.『삼국사기』에는 탈해의 아버지였던 다파나국 왕이 여자 국왕[女國王]의 딸을 맞아들여 아내로 삼았는데, 임신한 지 7년이 되어 큰 알을 낳았다고 한다. 그러자 탈해의 아버지는 "사람으로서 알을 낳은 것은 상서롭지 못하다"하며 버리라 했다.

　그렇지만 어머니가 차마 버리지 못하고, 비단으로 알을 싸서 보물과 함께 궤짝 속에 넣어 바다에 띄워 보냈다. 바다를 떠돌던 이 알은 먼저 금관국(金官國) 바닷가에 이르렀으나 사람들이 거두지 않았고, 진한의 아진포(阿珍浦) 어구에 닿은 다음에야, 당시 바닷가에 있던 할멈이 궤짝을 거두어 길렀다고 되어 있다. 탈해가 성장하자 키가 아홉 자나 되고, 풍채와 식견이 남보다 뛰어났다. 그런 탈해의 성과 이름이 전해진 계기도 기록되어 있다. 탈해를 두고 어떤 사람이 "이 아이 성(姓)은, 궤짝을 발견했을 때 까치 한 마리가 날아와 울었으니 까치 작(鵲)에서 조(鳥)를 생략하여 석(昔)으로 하고, 궤짝을 열고 나왔으니 이름은 탈해(脫解)라 해야 한다"고 했다는 것이다.『삼국유사』에도 비슷한 내용이 기록되어 있지만, 다른 이야기도 적혀 있다. '남의 집을 빼앗은 일로' 성을 석(昔)씨라고 했다는 것이다.

　탈해의 탄생과 신라로 들어오게 된 과정도 마찬가지다. 내용에 약간의 차이가 있지만 큰 줄기는 비슷하다.『삼국유

사』에는 탈해를 구한 할멈의 이름이 나온다. 아진의선(阿珍義
先)이라는 이름을 가진 할멈이, 바위도 없는 바다 가운데에
까치가 모여 울고 있는 것이 이상해서 배를 끌어당겨 찾아
보았다는 것이다. 그랬더니 그 배 안에 20자 길이에 13자 넓
이의 궤 하나가 있었다. 그 배를 끌어다가 숲 밑에 매어두고,
흉한 일인지 길한 일인지 하늘에 물은 다음, 궤를 열어보
니 잘 생긴 사내아이와 일곱 가지 보물·노비가 가득했다.
7일 동안 잘 대접하였더니, 그 사내아이가 이렇게 말했다
고 한다.

나는 용성국 사람(여기에 정명국正明國·완하국玩夏國·화하국花廈國
출신이라는 말도 있다는 주석을 붙여놓았다)으로, 그 나라에는 28명의
용왕이 있었다. 이들은 모두 다 사람에게서 태어났으며, 5-6세
때부터 왕위에 올라 백성을 가르쳐 심성을 바로잡아 주었다.
그 나라에는 팔품(八品)의 성골(姓骨)이 있는데, 그들은 고르는
절차 없이 모두 높은 지위에 올랐다. 이때 우리 부왕(父王) 함달
파(含達婆)가 적녀국(積女國)의 왕녀를 맞이하여 부인으로 삼았
는데, 오래도록 아들이 없어 기도를 통해 7년 만에 커다란 알
한 개를 낳았다. 부왕은 신하들의 의견을 물은 다음, "이것이
옛날부터 없는 일이니, 좋은 일은 아닐 것이다"라고 궤짝을 만
들어서 나를 그 속에다 넣었다. 여기에 일곱 가지 보물과 노비

들을 함께 배 안에 실은 후에 바다에 띄워놓고 기도를 드렸다.
"인연이 있는 곳에 닿는 대로 나라를 세우고 가문을 이루라"
고. 그러자 붉은 용이 나타나 배를 호위하고 여기까지 오게 된
것이다.

갈등의 핵

이렇게 신라로 온 탈해는 곧 많은 사건의 주인공이 되었
다. 설화이기는 하지만, 탈해는 오자마자 문제를 일으켰다.
『삼국유사』에 나타난 설화에 의하면, 노파에게 말을 끝낸 그
는 지팡이를 끌며 두 종을 데리고 토함산 위에 올라갔다. 여
기에 돌집을 짓고, 7일 동안 머물면서 성 안에 살만한 곳을
찾았다. 그러다가 초승달처럼 생긴 봉우리를 찾아냈는데, 그
지세가 오래 살 만한 곳이었다. 산을 내려와서 찾아가 보니,
호공(瓠公)의 집이었다.

탈해는 꾀를 내서 몰래 숫돌과 숯을 그 집 곁에 묻어놓고,
다음날 아침 그 집을 찾아가 말했다. "이 집은 조상 때부터
우리 집이다." 호공이 절대 아니라며 다투었으나, 시비를 가
리지 못해 관가에 결정을 맡겼다. 관가에서 "그 집이 너의 집
이라는 증거가 무엇이냐?"고 탈해에게 묻자 그는 "우리의

조상은 대장장이였는데, 잠시 이웃 고을에 나가 있는 동안 다른 사람이 살고 있으니 땅을 파서 조사를 해 보자"고 대답했다. 그 말대로 땅을 파보니 숫돌과 숯이 나와, 호공의 집을 빼앗아 살게 되었다는 것이다.

이 설화 자체가 역사적 사건 그대로라고는 할 수 없겠지만, 탈해라는 인물에 대한 인식 정도는 엿볼 수 있다. 설화대로라면 탈해는 좋게 말해서 지략이 뛰어난 것이고, 나쁘게 말하자면 술수에 능한 사람이었다는 얘기가 된다. 이를 본 남해왕은, 탈해가 똑똑한 사람임을 알아보고 첫째 공주를 시집보냈다. 그녀가 아니부인(阿尼夫人)이다. 신라의 통치자가 탈해를 사위로 삼을 만큼, 그가 지략과 함께 야심도 있는 사람이었던 것 같다.

이외에도 그에 관한 일화는 많이 남아 있다. 어느 날 탈해가 동악에 올랐다가 내려오는 길에, 백의(白衣)라는 사람을 시켜 물을 떠 오도록 시켰다. 그런데 물을 떠서 가지고 오던 백의는, 중간에서 자기가 먼저 마시고 나머지를 탈해에게 주려고 했다. 그러자 물그릇 한쪽에 입이 붙어 떨어지지 않았다. 탈해가 이 행각에 대해 꾸짖자 백의가 앞으로는 떠 오던 물을 먼저 마시지 않겠다고 맹세했다. 그제야 물그릇이 입에서 떨어졌다 한다. 이후 백의는 탈해를 두려워하여 감히 속이지 않았다. 동악에 있는 요내정(遙乃井)이라는 우물이 바로 백의가 물을 떠 왔던 곳이라 한다.

이렇게 파란만장한 일화가 많은 이유는 그만큼 많은 갈등을 일으켰기 때문일 것이다. 일단 탈해는 태어난 나라에서 자리 잡지 못하고 떠나온 처지다. 국왕인 아버지가 굳이 갖다 버리게 한 점을 보면, 그만큼 탈해가 그리 달가운 존재가 아니었다는 뜻이다. 『삼국사기』에는 갖다버렸다고 되어 있는 반면, 『삼국유사』에는 노비와 시종을 붙여 떠나보냈다는 차이가 있다. 그래도 바다를 건너왔다는 점은 일치한다. 그래야 할 만큼 먼 곳에서 왔음을 시사하며, 인도에서 왔다는 해석도 제기된다.

태어난 나라에서 쫓겨난 당사자가 다른 곳에 자리 잡으려니, 먼저 자리 잡고 있는 세력과 갈등을 일으키지 않을 수는 없었을 것이다. 이 점은 금관가야의 통치자였던 수로와의 관계에서도 시사된다. 『삼국유사』의 기록이 이런 점을 보여준다.

수로에 대한 기록에 의하면, 탈해가 찾아와 왕좌를 요구했고 이를 거부하자 술법 대결로 왕을 결정하기로 했다. 탈해가 매로 변신하자 수로는 독수리로, 탈해가 참새로 변신하자 수로는 새매로 변신하는 식으로 진행되자 이기지 못할 것을 느낀 탈해가 굴복했다. 그러면서 "술법 대결에서 죽일 수도 있었는데, 살려준 것은 성인께서 살생을 싫어하는 인덕을 가지셨기 때문"이라며, 수로에게 하직하고 중국 배가 드나드는 물길로 떠났다.

그런데 여기서 수로가 변덕을 부렸다 한다. 탈해가 반란 일으킬 것을 염려한 수로는 급히 수군을 실은 배 500척을 보내 추격했으나, 이미 신라로 들어간 이후라 포기했다는 것이다. 이를 보면 탈해와 관련 기록에 "수로왕이 신하와 백성들과 북을 치고 떠들면서 머무르게 하려고 했으나, 배는 급히 달아나 계림(鷄林)의 동쪽 하서지촌(下西之村) 아진포(阿珍浦)에 이르렀다"는 내용에 뭔가 왜곡이 있는 것 같다. 자신에게 도전한 인물을 굳이 붙잡지 못해 안달했을 리는 없기 때문이다. 또한 그런 인물이 반란을 일으킬까 염려하여 추격했다는 것도 앞뒤가 맞지 않는다. 『삼국유사』 편찬자도 이런 점을 의식하여 수로와 관련된 기록에 남은 내용이 "신라의 것과는 많이 다르다"고 해놓았다.

이렇듯 태어난 나라에서 쫓겨난 탈해가, 자신의 기반을 잡기 위해 미리 자리 잡고 있던 세력과 많은 갈등을 빚었음을 알 수 있다. 특히 가야에서 더 심각했다. 실제로 술법 대결 같은 것을 벌이지는 않았겠지만, 결국 정권을 잡기 위해 도전했다는 뜻이 된다.

그런데 신라에 와서는 조금 양상이 달라진다. 『삼국사기』에 의하면 탈해가 게으름 피우지 않고 고기잡이를 하여 그 어머니를 봉양했다 한다. 그러자 그 어머니는 "너는 보통 사람이 아니니, 학문에 힘써 출세하라"고 했다. 그렇게 학문을 닦아 지리(地理)까지 밝아졌고, 좋은 땅을 알아보고 월성(月城) 자리가 된 호공(瓠公)의 집을 빼앗았다는 것이다. 이렇게 속여서 남의 땅을 빼앗는 일을 했는데도, 남해이사금은 어질다는 소문을 듣고 딸을 그에게 시집보낸 다음, 대보(大輔)로 삼아 정치까지 맡겼다는 것이다. 게다가 남해이사금은 죽을 때 유언으로 "아들이나 사위를 따지지 말고 나이가 많고 어진 사람으로 왕위를 잇게 하라!"고 했다. 그래서 유리도 죽을 때 유언을 남겨 "내가 먼저 왕위에 올랐으니 이제 마땅히 왕위를 물려줘야겠다"며 탈해에게 왕위를 넘겨주었다고 되어 있다.

탈해는 즉위한 다음 해 58년(탈해 2) 정월에 호공을 대보(大輔)로 삼았다. 자신에게 집을 빼앗긴 사람을 왜 등용했는지 내막을 알 수는 없지만, 보상은 된 셈이다. 2월에는 직접 시조묘에 제사를 지냈다.

59년(탈해 3) 3월에 탈해가 토함산에 올라갔을 때 기이한 일이 일어났다고 한다. 덮개[개蓋]처럼 생긴 검은 구름이 오랫동안 그의 머리 위에 떠 있다가 흩어졌다는 것이다. 5월에는 왜와 우호관계를 맺고 사신을 교환했다. 좋은 일이 있었음에도 6월에는 불길하다는 살별이 천선(天船: 28수宿의 위胃에 속하는 것으로 현재의 페르세우스자리)에 나타났다. 그렇지만

2년 후인 61년(탈해 5) 8월, 마한의 장군 맹소(孟召)가 복암성(覆巖城)을 바치며 항복해 왔다. 그래도 주변 세력과의 분쟁은 줄어들지 않았다.

시기가 정확하지도 않고, 가계와 성씨가 전하지 않아 어떤 사람인지 알 수도 없지만, 이때에 활약했다는 거도(居道)라는 인물을 통해 이즈음의 신라가 주변 세력을 얼마나 적극적으로 정복해나갔는지 알 수 있다. 그는 탈해 때에 간(干) 벼슬을 얻었다. 그때 우시산국(于尸山國)과 거칠산국(居柒山國)이 접해 있어서 신라의 걱정거리였는데, 거도가 변경의 지방관이 되면서 이들을 병합할 생각을 가졌다. 그래서 매년 한 번씩 말들을 장토(張吐) 들판에 모아놓고, 병사들로 하여금 말을 타고 달리면서 놀게 했다. 당시 사람들이 이를 '마기(馬技)'라 불렀다 한다. 이렇게 해서 병사와 말을 동원하는 일을 익숙하게 만들어 주변국을 방심하게 해놓고는, 행사를 벌이는 날 동원된 병력을 이끌고 기습하여 두 나라를 멸망시켰다는 것이다.

63년(탈해 7) 10월에는 백제가 낭자곡성(娘子谷城)까지 진출해 왔다. 그리고 백제왕이 사자를 보내 탈해를 만나자고 청해 왔으나, 탈해는 응하지 않았다. 그 결과는 다음 해에 나타났다.

64년(탈해 8) 8월, 백제가 군대를 보내 와산성(蛙山城)을 공격해 왔다. 10월에도 구양성(狗壤城)을 공격해 왔지만, 탈해는 기병 2,000명을 보내 이를 격퇴했다. 12월에는 지진이 일어났고, 눈이 내리지 않는 이상 현상이 일어났다.

알지의 등장과 백제·가야와의 갈등

65년(탈해 9) 3월, 신라 역사에 한 획을 긋는 사건에 대한 설화가 나온다. 탈해가 밤에 금성 서쪽의 시림(始林)에서 닭 우는 소리를 들었다. 탈해가 호공을 보내 살펴보게 하였더니, 조그만 금빛 궤짝이 나뭇가지에 걸려 있고 흰 닭이 그 아래에서 울고 있었다.

호공의 보고를 받자, 탈해는 궤짝을 가져오도록 해서 열어 보았다. 그 안에는 '기이하게 생긴 작은 사내아기'가 있었다. 탈해는 기뻐하며 신하들에게 "하늘이 나에게 귀한 아들을 주었다" 하고는 거두어서 길렀다. 그 아이에게 알지(閼智)라는 이름을 지어주고 금 궤짝으로부터 나왔다는 이유로 김(金)이라는 성을 붙여 주었다. 또 시림을 계림(鷄林)이라 이름을 바꾸고 더 나아가 이를 나라 이름으로 삼았다. 알지가 성장하자 총명하고 지략이 많았다 한다. 나중에 신라의 핵심이 된 김씨의 시조이니 이 정도 찬사는 당연한 것이라 할 수 있다.

『삼국유사』의 내용도 비슷하지만, 약간의 차이가 있다. 『삼국사기』에 알지를 발견한 것이 65년(탈해 9) 3월로 되어 있는데 비해, 『삼국유사』에는 서기 60년(탈해 4) 8월 4일로 나온다. 알지를 발견하게 된 과정도 약간 다르다. 호공이 밤에 월성 서쪽 동네를 가고 있을 때, 크고 밝은 빛이 시림 가지에 걸려 있는 것을 보았다. 그리고 자색 구름이 하늘로부터 땅에까지 뻗쳐 나와 있었고, 그 구름 속에 나무 가지에 걸려 있는 황금 궤짝을 발견했다는 것이다. 궤짝에서 빛이 나오고 있었고, 흰 닭이 그 나무 밑에서 울고 있었다.

이를 본 호공은 그대로 왕에게 아뢰었고, 탈해는 친히 숲에 가서 그 궤를 열어 보았다. 그러자 궤짝 안에 누워 있던 사내아이가 일어났다. 옛날 혁거세의 탄생과 같아서, 신라 지역 말로 아이를 뜻하는 '알지'를 이름으로 삼았다. 탈해가 그 아이를 안고 궁으로 돌아오니, 새와 짐승들이 기뻐하면서 춤을 추고 뛰놀았다 한다.

탈해가 태자로 책봉해주었음에도, 알지는 그 자리를 파사(婆娑)에게 물려주고 왕위에 오르지 않았다. 그렇지만 알지의 후손은 이어졌다. 『삼국유사』 기록에 의하면 알지는 열한(熱漢)을 낳았고, 열한은 아도(阿都), 아도는 수류(首留), 수류는 욱부(郁部), 욱부는 구도(俱道), 구도는 미추(未鄒)를 낳았다고 한다. 미추가 왕위에 올랐고 이 계통이 후대에도 계속 왕위에 올랐으니, 알지에서 시작된 신라 김씨가 신라 왕실의 핵심세력이 된 셈이다.

물론 이 설화를 액면 그대로 보면 말이 되지 않는 측면도 있다. 그래서 고대사 학계 일부에서는 신라 초기 역사 전체를 조작으로 몰아버리기도 한다. 호공(瓠公)의 활동 상황부터 문제가 된다. 그가 기원전 20년에 혁거세의 사신 자격으로 마한에 파견되었던 적이 있다. 그런데 이 사람이 60년(탈해 4) 또는 65년(탈해 9)에 알지를 발견했다는 것이다. 임무를 가진 사신으로 갈 정도면, 기원전 20년 당시 적어도 20세는 되었어야 한다. 그러면 그는 알지를 발견했을 때 100살 정도였던 셈이다. 이 나이까지 왕의 심부름을 다니고, 정치에 참여할 수 있을 정도로 정정하게 살았다는 점이 선뜻 납득하기 어려울 수 있다. 하지만 원래 설화라는 것이 이런 점까지 정확하게 기록했을 것이라고 기대하기는 어렵다. 그러니 이를 빌미로 당시 역사를 조작으로 몰면, 조작되지 않은 역사가 남아나지 않을 것이다.

66년(탈해 10) 백제가 와산성을 공격해 왔다. 이 성을 함락한 백제는 200명의 병력을 두어 지키게 했으나, 신라가 곧 성을 되찾았다.

67년(탈해 11) 정월에 박씨 일족에게 주주(州主)나 군주(郡主)라는 지위를 주어 나라 안의 주·군(州郡)을 나누어 다스리게 했다. 그리고 다음 달인 2월에는 순정(順貞)을 이벌찬으로 삼아 정사를 맡겼다.

이렇게 국내를 정비한 지 3년 후인 70년(탈해 14) 백제가 침입했다. 그리고 또 3년 후인 73년(탈해 17), 왜인이 목출도(木出島)로 침입해 왔다. 왕이 각간(角干) 우오(羽烏)를 보내 방어에 나섰으나 실패하고, 우오가 전사해버렸다. 다음 해인 74년(탈해 18) 8월에는 또 백제가 변경을 침공해 와서, 군대를 보내 방어에 나섰다.

이렇게 자주 전쟁을 치른 다음인 75년(탈해 19), 큰 가뭄이 들어 백성이 굶주리는 사태가 일어났다. 탈해는 창고의 곡식을 나눠주며 진휼에 나섰다. 그렇지만 이해 10월에 백제가 또 서쪽 변경 와산성을 공격하여 점령해버렸다. 다음 해인 76년(탈해 20) 9월, 신라 측에서 군사를 보내 백제를 정벌하여 와산성을 되찾았다. 그리고 백제에서 보낸 200여 명을 모두 죽였다.

『삼국사기』에는 이와 같이 10년 동안 백제와 왜에 번갈아 침략당했다고 되어 있다. 그러나 이때 신라와 분쟁을 벌인 백제의 실체에 대해서는 의문이 제기되기도 한다. 당시 백제가 신라와 이런 정도로 분쟁을 벌일 상황이었는지 의심스럽기 때문이다. 그래서 마한이 온조 때에 망했다고 해놓았기 때문에, 마한의 중심 세력이 백제에 격파된 뒤에도 남아 있던 마한의 무리를, 백제로 인식했을 거라는 해석도 나온다.

이런 분쟁을 겪고 난 후인 77년(탈해 21) 8월, 이번에는 가야와의 전쟁이 시작되었다. 아찬 길문(吉門)이 가야(加耶) 군사와 황산진(黃山津) 어구에서 싸워 1,000여 명을 죽였다는 것이다. 탈해는 길문을 파진찬으로 승진시켜 주었다. 가야와의 충돌은 이후에도 이어졌다. 금관가야의 통치권에 도전했던 설화를 감안해보면, 신라의 왕이 된 탈해와 가야의 충돌이 오히려 늦게 나타난 것 같기도 하다.

이후 탈해의 치세에는 전쟁 없이 천재지변만 나온다. 79년(탈해 23) 2월에는 살별이 동쪽과 북쪽에 나타났다가, 20일 만에 없어졌다. 다음 해인 80년(탈해 24) 4월에는 수도에 큰바람이 불었고, 금성의 동쪽 문이 저절로 무너지는 일이 있었다. 그런 다음인 8월에 탈해가 죽었고, 성 북쪽의 양정구(壤井丘)에 장사 지냈다.

그런데 『삼국유사』에는 탈해가 이보다 1년 전에 세상을 떠났다고 되어 있다. 장사를 지낸 곳도 소천구(疏川丘)라고 한다. 그런데 신(神)이 명령을 내려, "내 뼈를 조심해서 묻어라" 했다 한다. 탈해가 남긴 두골의 둘레는 3자 2치, 몸의 뼈는 9자 7치나 되었다. 이(齒)는 하나로 엉겨 있었고, 뼈마디도 모두 이어져 있었다. 『삼국유사』는 이것이 "천하에 둘도 없는 역사(力士)의 골격이다"는 찬사를 남겼다. 이 뼈를 다시

부숴 소상(塑像)을 만들어 대궐 안에 모셔놓자, 또 신이 "내 뼈를 동악(東岳)에 두어라"고 했다. 그래서 그곳으로 옮겼다 한다.

제5대 파사이사금

80년(파사 1), 탈해의 뒤를 이은 파사는 유리의 둘째 아들이며, 왕비는 김씨 사성부인(史省夫人)으로 허루갈문왕(許婁葛文王)의 딸이라고 되어 있다. 『삼국사기』에 의하면 원래 왕위는 파사의 자리가 아니었다고 한다. 형인 일성(逸聖)이 있었기 때문이다. 그래서 탈해가 죽자, 신료들이 유리왕의 태자인 일성을 왕위에 세우려고 했다. 그런데 누군가가, "일성이 왕위를 이을 친아들이라고 하지만 위엄과 현명함이 파사에게 미치지 못한다"고 하는 바람에 파사가 왕위를 이었다는 것이다.

매우 단순한 이야기 같지만, 상황을 잘 살펴보면 문제가 좀 있다. 파사는 아버지인 유리가 즉위한 지 56년 후에 왕위에 올랐다는 이야기가 된다. 유리도 나이가 많이 들어 왕위에 올랐으니, 파사가 유리의 아들이라면 그 때 파사의 나이도 제법 되었어야 한다. 그런데 아버지가 죽고 56년이나 지난 후에 왕위에 올랐다고 하는 점에 현실성이 없어 보인다. 그래서 『삼국사기』가 통째로 조작되었다는 주장도 나온다.

이 자체만 보면 그럴듯하게 들리겠지만, 다른 가능성도 있다. 『삼국사기』만 해도 파사에 대해 "또는 유리왕의 동생 나로(奈老)의 아들이라고도 했다"는 주석을 붙여놓았다. 이 주석대로라면 파사가, 나이 차이가 제법 되는 유리왕 동생의 아들일 가능성이 있기 때문에 파사가 유리 즉위 후 56년 만에 왕위에 오른 것도 설명될 수 있다.

그런데 『삼국사기』와 『삼국유사』에 이렇게 같은 사람을 두고 다른 가족 관계라는 말이 있음을 주석으로 표시하는 일은 흔하다. 그만큼 신라 왕족이 누구의 핏줄인지 헷갈린 경우가 많았다는 뜻이다. 왕실 계보에 이렇게까지 혼선이 있을 수 없다는 해석도 있지만, 이는 신라 왕실 계보에 대한 인식이 부족하기 때문에 나오는 말이다. 신라처럼 극단적으로 친척들끼리 혼인하는 근친혼 상황에서는 족보에 혼선이 일어나는 것이 당연하기 때문이다. 예를 들어 동생과 딸을 혼인시키는 경우만 해도 이 부부에게서 태어난 아이의 가족 관계가 엄청나게 꼬이게 된다. 이런 혼인이 반복되면 족보의 혼란은 당연하다. 여기에 성관계가 조선시대에 비해 자유로 운 상황에서는 아버지가 누군지조차 혼선을 일으킬 수 있다. 이런 상황을 무시하고 왕족 사이의 관계에 납득하기 어려운 점이 있으니 사료가 조작되었다고 몰아버리는 연구자가 제 법 많다.

어쨌든 『삼국사기』에서는 파사의 인품에 대해 좋은 평가 를 내리고 있다. 그는 검소한 생활로 씀씀이를 줄이고 백성 을 사랑하여, 나라 사람들이 존경했다는 것이다.

81년(파사 2) 2월에 몸소 시조묘에 제사를 지냈다. 3월에 는 주·군(州郡)을 돌아다니며 위무하고, 창고를 열어 어려운 사람들에게 곡식을 나눠주었다. 그리고 갇혀 있는 죄수들의 정상을 살펴 두 가지 사형죄[이죄二罪]가 아닌 경우에는 모두 풀어주었다.

82년(파사 3) 정월에 나라의 상황을 걱정하는 영(令)을 내 렸다. "지금 창고는 텅 비었고 병기는 무디어져 있다. 만약 홍수 또는 가뭄이 일어나거나, 변방에 변고가 있으면 무엇 으로써 그것을 막겠는가? 담당 관청으로 하여금 농사와 누 에치기를 권장하고, 병기를 정비해서 만약의 사태에 대비하 라"는 내용이다.

84년(파사 5) 2월에 명선(明宣)을 이찬으로, 윤량(允良)을 파진찬으로 삼았다. 5월에는 고타군주(古陁郡主)가 푸른 소 [청우靑牛]를 바쳤다. 남신현(南新縣)에서 보리 줄기가 가지를 쳤다. 지난해 농사짓는 것에 당부한 보람이 있었는지, 이해 에는 큰 풍년이 들어 여행하는 사람이 양식을 가지고 다니 지 않아도 될 정도였다고 한다.

그런데도 85년(파사 6) 정월, 백제가 변경을 침범해 왔다. 2월에는 길원(吉元)을 아찬에 임명했다. 이해 4월에는 객성 (客星)이 자미(紫微)에 들어가는 일이 있었다.

87년(파사 8) 7월에 또 영(令)을 내렸다. "서쪽으로는 백제 와 남쪽은 가야와 접해 있는데, 덕이 없는 자신이 나라를 다 스리고 있어 백성을 편안하게 하지 못하고 이웃 나라를 압 도하지 못한다"는 것이다. 그래서 "성루(城壘)를 수리하여 침 입에 대비하라"는 명령으로 마무리를 지었다. 이 명에 따라 이달에 가소성(加召城)과 마두성(馬頭城), 두 성을 쌓았다.

임나인 소나갈질지 설화

그런데 이때 즈음 왜와 관계된 기사가 나타난다. 『일본서 기』 스진천황[숭신천황崇神天皇] 때에 "미마나노쿠니[임나국任 那國]가 소나갈질지(蘇那曷叱知)를 파견하여 조공했다"고 되어 있는 것이다. 그리고 이 임나국의 위치를 설명하면서, "쓰쿠시노쿠니[축자국筑紫國]에서 2,000여 리 떨어져 있으며, 북으로 바다를 사이에 두고 계림의 서남에 있다"고 했다. 물론이 시기는 혁거세 25년에 해당하는 기원전 33년 7월이지만, 『일본서기』 초기 기록이 120년 조작되어 있는 점을 감안해서 이때 즈음이라고 보는 것이다. 하지만 이조차도 정확하다는 보장은 없다.

그리고 2년 후 임나인 소나갈질지(蘇那曷叱智)가 "돌아가고 싶다"고 했다 한다. 그가 왜에 왔던 때가 마침 스진천황이 죽던 해였기 때문에, 『일본서기』에는 "아마도 선황의 시대에 알현하러 왔다가, 아직 돌아가지 않았던 것인가?"라고 적어놓았다. 어쨌든 왜에서는 소나갈질지에게 푸짐하게 상을 주었다. 아울러 임나 왕(任那王: 미마나노코니키시, 미마나노코키시)에게는 따로 붉은 비단 100필을 주었다고 한다.

그런데 뜬금없이 "신라인이 길을 막고 이 비단을 빼앗아 버렸다"고 적어놓았다. 그리고 "양국의 원한이 이때부터 생겨났다"는 말을 덧붙였다. 덧붙인 내용은 더 있다.

"어떤 책에서 말하기를"이라 하며 또 다른 이야기도 있음을 밝힌 것이다. 스진천황 때에 이마에 뿔이 있는 사람이 배를 타고 고시노쿠니[월국越國]의 게히노우라[사반포笥飯浦]로 들어왔다고 한다. 이 때문에 이곳 지명이 쓰누가[각록角鹿]가

되었다. "어느 나라 사람인가?"라고 묻자 대답이 길었다. "나는 의부가라국왕(意富加羅國王)의 아들로 이름은 도노아아라사등(都怒我阿羅斯等: 쓰누가아라시토)이고 다른 이름은 우사기아리질지간기(于斯岐阿利叱智干岐)다. 일본국에 성스러운 황제(聖皇)가 있다는 말을 전해 듣고 귀화하려 했다. 아나토[혈문穴門]에 도착했을 때에 이쓰쓰히코[이도도비고伊都比古]라는 사람이 나에게 '나는 이 나라의 왕이고, 나 이외의 왕은 없다. 그러니 다른 곳으로 가지 말라'고 했다. 그러나 내가 그 사람됨을 보니 왕 자질이 아님을 느끼고 즉시 다시 돌아왔다. 길을 몰라 섬과 포구를 들르고 북해를 돌아, 이즈모노쿠니[출운국出雲國]을 거쳐 여기에 이르렀다"고 했다는 것이다.

이때 스진천황이 죽는 바람에 머무르다가 스이닌천황[수인천황垂仁天皇]을 섬기며 3년이 지났다. 천황이 이런 사정을 듣고 도노아아라사등에게서 돌아가고 싶다는 뜻을 확인하고는, 도노아아라사등을 불러 말했다 한다. "네가 길을 헤매지 않고 왔더라면 선대 천황을 만나 섬길 수 있었을 터이니, 너의 나라 이름을 고쳐서 스진천황의 이름을 따서 지으라"고 했다는 것이다. 그리고 붉은 비단을 그에게 주어 돌아가게 했다. 여기서 미마나노쿠니[미마나국彌摩那國]라는 나라 이름이 생겨났다는 것이다.

아라사등은 스이닌에게서 받은 붉은 비단을 자기 나라의

마을 창고(郡府)에 보관해두었다. 그런데 이 사실을 들은 신라인이 군대를 이끌고 와서 붉은 비단을 모두 빼앗아 갔다고 한다. 두 나라의 사이가 나빠지게 된 원인이 여기 있다고도 했다.

이런저런 이야기를 갖다 붙이는 『일본서기』의 내용을 액면 그대로 믿을 수는 없다. 그렇지만 『삼국사기』에도 이후 가야와의 갈등이 나타나기는 한다. 이런 점으로 보아 신라와 가야의 갈등이 『일본서기』에 설화의 형태로 남은 것이 아닌가 짐작해 볼 수 있다.

그리고 이 뒤에 또 다른 이야기가 덧붙여진다. 이번에도 '어떤 책'에 나와 있다는 것이다. 도노아아라사등이 본국에 있을 때 누렁소[황우黃牛]에 농기구를 싣고 시골로 간 적이 있었다. 그런데 그 소가 갑자기 없어져 그 흔적을 따라 갔더니, 어떤 군의 관공서[군아郡衙] 가운데로 이어졌다. 그때 나타난 한 노인이 소에 대해 알려주면서 충고했다고 한다. "그대가 찾는 소는 이리로 들어갔다. 그러나 그 소는 이곳에 사는 유지들이 '소가 짊어지고 있는 물건으로 보아 잡아먹을 것 같으니, 우리가 잡아먹고 주인이 찾으러 오면 물건으로 보상하면 될 것'이라 했다. 그러니 '소 값으로 어떤 물건을 받고자 하느냐?'고 하면, 재물 말고 '군내(郡內)에서 제사를 지내는 신을 달라'고 하라"라고 했다는 것이다. 도노아아라사등은 노인이 시키는 대로 했더니, 그곳에서 제사 지내는 신은 흰 돌이라며 그것을 소 값으로 주었다.

그것을 가지고 와서 침실에 두자 그 돌이 아름다운 소녀로 변했다. 아라사등은 매우 좋아하며 교합(交合)했는데, 그가 다른 곳에 간 사이에 소녀가 갑자기 사라졌다. 아라사등은 크게 놀라 자기 처에게 "소녀는 어디로 갔는가?"라고 물었더니 "동쪽으로 갔다"는 대답을 들었다. 그래서 그는 소녀를 찾아 바다 건너 멀리 일본국으로 들어왔다. 그가 찾던 소녀는 나니와[난파難波]에 와서 히메코소노야시로[비매어증사比賣語曾社]의 신이 되어 있었다. 또 도요쿠니[풍국豐國]의 미치노쿠치노코호리[국전군國前郡]에도 가서, 여기서도 히메코소노야시로의 신이 되었단다. 그래서 두 곳에서 모두 그녀에게 제사 지낸다는 것이다.

연오랑·세오녀 그리고 천일창

조금 두서없는 이야기지만, 이 이야기가 묘하게 『삼국유사』에 나오는 '연오랑(延烏郎)·세오녀(細烏女)' 설화와 비슷하다. 이 설화의 내용은 이렇다. 때는 158년, 신라의 제8대 아달라왕 4년에 동해 바닷가에 연오랑과 세오녀라는 부부가

살고 있었다. 그런데 어느 날 연오가 바닷가에 나가 해조를 따고 있던 중 갑자기 바위 하나가 연오를 싣고 일본으로 가버렸다. 그 나라 사람들이 연오를 보고 "범상치 않은 사람이다"라며 왕으로 모셨다. 남편이 돌아오지 않자, 세오는 여기저기를 찾아보다가 남편이 벗어놓은 신이 있는 바위를 발견했다. 그곳에 올라가니 바위는 세오도 일본으로 싣고 갔다. 일본 사람들이 이를 보고 놀라 왕께 아뢰어 부부가 다시 만났고, 세오는 귀비(貴妃)가 되었다.

이즈음 신라에서는 해와 달이 광채를 잃었다. 일관(日官)은 "우리나라에 있던 해와 달의 정기가 일본으로 가버렸기 때문에 이러한 괴변이 일어난 것입니다"라고 아뢰었다. 이말을 들은 신라 왕은 일본에 사신을 보내 두 사람을 찾았다. 사신을 만난 연오는 "내가 여기 온 것도 하늘의 뜻이거늘 어찌 그냥 돌아갈 수 있겠소. 나의 비(妃)가 짠 고운 명주를 가지고 하늘에 제사를 지내면 될 것입니다"라 하면서 비단을 주었다. 사신이 돌아와서 아뢴 대로, 제사를 지냈더니 해와 달이 원래대로 복구되었다. 신라 왕은 그 비단을 왕실 창고에 잘 간직하여 국보로 삼고, 그 창고에 '귀비고(貴妃庫)'라는 이름을 붙였다. 또 그 비단으로 하늘에 제사를 지낸 곳을 영일현(迎日縣: 또는 도기야都祈野)라고 했다.

이렇게 내용을 비교해 보면, '연오랑(延烏郎)·세오녀(細烏

女)' 설화는 시기나 내용이 『일본서기』의 것과 매우 다르다. 하지만 묘하게 공통점이 있다. 이는 비슷한 시기에 등장하는 신라 왕자 천일창(天日槍)에 관련 설화도 마찬가지다. 그 역시 여러 가지 물건을 가지고 일본으로 건너왔다고 되어 있다. 일본에서는 그가 가지고 온 물건을 다지마노쿠니[단마국但馬國]에 두고 신물(神物)로 삼았다 한다.

그리고 또 '어떤 책'을 인용하여 다른 이야기를 전하고 있다. 천일창이 배를 타고 와서 처음에 정박한 곳은 하리마노쿠니(파마국播磨國)였고, 시사하메노무라[육율읍宍粟邑]에 머물렀다 한다. 이때 천황이 미와노키미[삼륜군三輪君]의 선조 오토모누시[대우주大友主]와 야마토노아타히[왜직倭直]의 선조 나가오치[장미시長尾市]를 보내와서, 천일창에게 "누구이며, 어느 나라 사람"인지를 물었다. 그러자 천일창은 "신라 왕자인데, 일본국에 성스러운 황제[성황聖皇]가 있다는 말을 듣고 나라를 아우 지고(知古)에게 주고 귀화했다"고 대답했다. 그리고 가지고 온 물건을 바쳤다는 것이다.

천황은 이에 화답하여 머무르고 있던 시사하메노무라와 아와지노시마[담로도淡路島]의 이데사노무라[출천읍出淺邑] 두 고을을 천일창에게 주었다고 한다. 그러나 천일창은 "돌아 다녀 보고 마음에 드는 곳으로 정하게 해달라"고 요청해서 들어주었다고 한다. 이후 천일창은 우지카와[토도하菟道河]에서 북쪽으로 거슬러 올라간 오우미노쿠니[근강국近江國]의 아나노무라[오명읍吾名邑]에 들어가 잠시 살다가, 다시 와카사노쿠니[약협국若狭國]를을 거쳐 서쪽의 다지마노쿠니에 자리 잡았다는 것이다.

그래서 오우미노쿠니의 가가미무라[경촌鏡村] 골짜기에 사는 옹기장이는 "천일창을 따라온 사람들"이라는 해설을 붙여 놓았다. 이곳에 자리 잡은 천일창은 이즈시마[출도出嶋] 사람 후토미미[태이太耳]의 딸인 마타오[마다오麻多鳥]에게 장가들어 다지마모로스케[단마제조但馬諸助]를 낳았다. 이 혈통은 다지마히나라기[단마일유저但馬日楢杵], 교히코[청언淸彦], 다지마모리[전도간수田道間守]로 이어졌다고 한다.

스이닌천황 재위 후반에 천일창이 가져와 다지마노쿠니에 보관해 오던 보물을 천황가로 바치라고 명령했다는 이야기도 나온다. 이 명을 받은 교히코는 할아버지 천일창의 보물 중, 작은 칼을 바치고 싶어하지 않아 숨겨두었다가 천황에게 들켰다. 천황은 "다른 보물과 떼어 둘 수 없다"며 이것도 바칠 것을 종용했고, 교히코는 이에 따랐다. 그러나 이 칼이 갑자기 천황의 창고에서 사라졌다. 천황이 교히코에게 확인하니, "어젯밤에 저절로 집으로 돌아왔다가 아침에 사라졌다"고 대답했단다. 천황은 황공하여 다시는 그 칼을 찾지 않았다고 한다. 그리고 이 칼은 또 저절로 아와지노시마[담로도淡路嶋]로 갔고, 그 섬사람들이 이 칼을 신으로 모실 신사를 세웠다고 해놓았다. 『일본서기』에는 이런 식으로 황당하게 정리해놓은 이야기가 많다.

어쨌든 앞서 소개한 설화들은 한반도 남부에 살던 사람이 일본열도로 건너가 그곳 사람들이 떠받드는 신이나 지방의 통치자가 되었다는 점에서 비슷하다. 그래서 이 설화가 신라와 가야 초기의 일부 세력이 일본열도로 이주한 역사적 사실을 반영하고 있다는 주장도 있다.

가야와의 갈등

90년(파사 11) 7월에는 지방을 다스리는 주주(州主)와 군주(郡主)를 감찰하기 위해 사자(使者) 10명을 파견했다. 이들의 보고에 따라, 다스리는 일에 힘쓰지 않거나 다스리는 지방을 황폐하게 만든 자의 관직을 강등시키거나 파면시켰다.

93년(파사 14) 정월, 윤량(允良)을 이찬으로 계기(啓其)를 파진찬으로 삼았다. 2월에는 고소부리군(古所夫里郡)에 가서, 나이 많은 사람을 몸소 위문하고 곡식을 내려주었다. 10월에는 수도에 지진이 일어났다.

94년(파사 15) 2월에는 가야에서 쳐들어와 마두성(馬頭城)

을 포위했다. 신라 측에서는 아찬 길원에게 기병 1,000명을 주어 격퇴했다. 가야와 전투를 치른 이후인 8월에는 알천(閼川)에서 군사를 사열했다.

96년(파사 17) 7월에는 남쪽에서 불어 온 폭풍 때문에 금성 남쪽의 큰 나무가 뽑혔다. 이런 일이 있은 지 2개월 후인 9월에, 가야가 또 남쪽 변경을 습격해 왔다. 신라 측에서는 가성주(加城主) 장세(長世)를 보내 방어에 나섰으나 패배하고 적군에게 죽었다. 그러자 파사는 분노하여 직접 5,000명의 병력을 거느리고 나가서 싸워 가야군을 격파했다. 이 과정에서 가야 측은 많은 포로와 사상자를 냈다. 다음 해인 97년(파사 18) 정월, 파사는 지난해의 보복으로 가야를 정벌하려 했다. 그러나 가야 임금이 사신을 보내 사죄하자 중지시켰다고 한다.

이후 재해가 잇달았다. 98년(파사 19) 4월에는 수도에 가뭄이 들었고, 100년(파사 21) 7월에는 날아다니던 새가 맞아 죽을 정도의 우박이 내렸다. 10월에는 수도에 지진이 일어나, 민가가 쓰러져 죽은 사람까지 생겼다. 이런 재해를 겪은 후인 101년(파사 22) 2월에는 월성(月城)을 짓고, 7월에 파사가 이곳으로 옮겨 갔다. 탈해가 월성을 빼앗아 집을 짓고 살았다는 사실과 모순되는 것처럼 보이지만, 자세한 내용을 확인할 수는 없다.

102년(파사 23) 8월, 신라와 주변국 사이에 또 심각한 분쟁이 생겼다. 그 빌미는 음즙벌국(音汁伐國)과 실직곡국(悉直谷國)이 영토 싸움을 벌이다가, 파사를 찾아와 해결을 요청한 데에 있었다. 파사는 이에 부담을 느끼고, '경륜이 있는' 수로에게 자문을 구했다. 이 자문에 응한 수로는 의견을 모아 말썽이 난 땅이 음즙벌국의 것이라는 판결을 내렸다.

그런데 사태는 이것으로 끝나지 않았다. 판결이 난 후, 파사는 수고한 수로를 위하여 연회를 열어주었다. 그리고 6부에 연회에 참석하라는 명을 내렸다. 그런데 여기서 문제가 생겼다. 5부에서는 모두 이찬급 인사가 참석한 데 비해, 한기부(漢祇部)에서는 지위가 낮은 사람을 보내왔다. 이 처사에 수로가 분노하여, 자신의 종[노奴] 탐하리(耽下里)에게 한기부의 우두머리 보제(保齊)를 죽이라는 명을 내리고 돌아갔다. 그리고 보제를 죽인 종은 음즙벌국의 수장 타추간(陁鄒干)의 집으로 도망쳤다. 사태가 이렇게 번지자, 파사는 그 종을 잡아오라는 명을 내렸다. 그러나 타추간이 보내주지 않았다. 이 처사에 분노한 파사는 음즙벌국을 침공했고, 타추간은 항복했다. 이와 함께 실직국(悉直國)과 압독국(押督國) 두 나라의 수장도 항복했다 한다.

여기까지가 『삼국사기』에 기록된 내용이다. 하지만 사태의 흐름은 뭔가 자연스럽지가 못하다. 파사는 가야와 전쟁이 계속되는 와중에, 적대 세력의 우두머리에게 중재를 맡긴 셈이다. 아무리 수로의 위상이 높았다고 하지만 쉽게 이해할 수 있는 일은 아니다.

얼마 뒤 실직곡국이 반란을 일으키지만 진압되고, 곧 신라는 가야와도 전쟁을 벌이게 된다. 가야와 전쟁을 벌인 다음 해에는 비지국(比只國)·다벌국(多伐國)·초팔국(草八國)을 정복한다. 실직곡국은 물론 후에 압독국 등에서도 반란이 일어나는 것으로 보아, 신라의 정복은 매우 강압적인 것이었음이 분명하다. 여기에 중재를 의뢰한 가야와의 전쟁까지 수반되었다. 사소한 사건이 전쟁으로 번졌다고 보기에는 뭔가 석연치 않다. 손님의 입장인 수로가 남의 나라에 와서 사소한 실례에 살인을 명령했다는 것부터가 이상하다. 또 수로를 자극하는 계기도 신라 측에서 만들었다. 더욱이 신라는 이 사건을 빌미로 사건의 당사자 음즙벌국은 물론 주변의 소국들까지 정복해버렸다. 사건을 유발하여 이익을 얻은 쪽이 신라인 것이다.

고도의 정치적 계산 없는 우연이라고 하기에는 너무 아귀가 잘 맞는 듯하다. 이 내용대로라면 파사는 경쟁의 위치에 있는 수로에게 골치 아픈 일을 맡겨놓고, 문제를 일으켜 전쟁으로 연결시킨 꼴이다. 중요한 손님을 대접하는 자리에 미천한 자를 보내왔다는 것부터가 외교상 결례였을 뿐 아니라,

이 과정에서 수로를 자극할 만한 행위가 곁들여졌을 가능성이 크다. 이를 통해 당시 신라의 팽창 야욕을 엿볼 수 있을 듯하다. 이런 사건이 있고 난 후인 10월에는 복숭아꽃과 오얏꽃이 피는 이변이 일어났다.

104년(파사 25) 정월에 운석이 비 오듯 떨어졌으나 땅에까지는 이르지 않는 일이 있은 뒤인, 7월에 실직(悉直)이 반란을 일으켰다. 물론 이 반란은 신라 군대에 토벌당하고, 생존자들은 남쪽의 변방으로 옮겨지는 것으로 결말이 났다.

105년(파사 26) 정월에 백제가 사신을 보내 화해를 청했다. 2월에는 수도에 3자나 되는 눈이 왔다.

106년(파사 27) 정월, 파사는 압독에 직접 행차하여 가난한 사람들을 진휼하다가 3월에야 돌아왔다. 그만큼 정복한 압독국 지역에 신경 썼다는 뜻이다. 8월에는 마두성주(馬頭城主)에게 가야를 공략하라는 명령을 내렸다.

108년(파사 29) 5월에는 홍수가 나서 백성이 굶주리는 사태가 일어났다. 파사는 10도(十道)에 사자를 보내 창고를 열어 진휼하라는 명을 내렸다. 그러면서도 비지국(比只國), 다벌국(多伐國), 초팔국(草八國)을 공략하여 병합해버렸다.

109년(파사 30) 7월, 메뚜기 떼가 나타나 곡식을 해쳤다. 파사가 재해를 물리쳐 달라고 산천에 제사 지내 빌었더니, 메뚜기 떼가 없어지고 풍년이 들었다고 한다.

111년(파사 32) 4월에는 별 이유 없이 성문이 무너지는 사태가 있었다. 이어 5월부터 7월까지 가뭄이 들었다. 그리고 다음 해인 112년(파사 33) 10월에 파사가 죽었다. 그 역시 사릉원에 장사 지냈다.

제6대 지마이사금

112년(지마 1), 파사의 친아들로 왕위를 이은 인물이 지마이사금(祇摩尼師今: 또는 지미祇味)이다. 그의 어머니는 사성부인(史省夫人)이고, 왕비는 갈문왕 마제(摩帝)의 딸 김씨 애례부인(愛禮夫人)이다.

『삼국사기』에는 그가 왕비를 맞아들이게 된 계기가 이렇게 나온다. 파사가 유찬(楡湌)의 연못가에서 사냥할 때 태자였던 지마가 따라갔다. 사냥을 마치고 한기부(韓歧部)를 지날 때, 이찬 허루(許婁)가 잔치를 베풀었다. 술이 얼근하게 취할 때쯤 허루의 아내가 어린 딸을 데리고 나와서 춤을 추었다. 이를 본 이찬 마제(摩帝)의 아내도 자기 딸을 데리고 나오자, 태자가 매우 좋아했다. 태자의 태도를 본 허루가 언짢아했다. 이를 눈치 챈 파사가 허루를 달랬다.

"이곳 땅 이름이 대포(大庖: 큰 부엌)다. 공이 이곳에서 잘 차린 음식과 맛좋은 술을 마련하여 잔치를 열어 즐겁게 해 주었으니, 이찬보다 높은 주다(酒多: 술이 많다)의 벼슬을 주겠다"고 했다. 이렇게 허루를 달랜 파사는, 마제의 딸을 태자의 짝으로 삼았다. 이때 허루에게 주었던 벼슬이 후에 각간(角干)이 되었다는 설명이 붙어 있다.

즉위한 지마는 다음 해 113년(지마 2) 2월에 시조묘에 제사 지냈다. 그리고 창영(昌永)을 이찬으로 등용했다. 이어 옥권(玉權)을 파진찬으로, 신권(申權)을 일길찬으로, 순선(順宣)을 급찬으로 삼았다. 다음 달인 3월, 백제가 사신을 보내왔다.

114년(지마 3) 3월, 보리 싹을 상하게 할 정도의 우박이 내리는 사태가 있었다. 4월에는 홍수가 났다. 이런 재해를 겪고 나서, 지마는 죄수의 사정을 살펴서 사형죄를 제외하고는 모두 풀어주도록 하는 조치를 취했다.

115년(지마 4) 2월에는 가야가 남쪽 변경을 침략해 노략질을 했다. 7월에 지마는 이에 대한 보복으로 몸소 가야 정벌에 나서, 보병과 기병을 거느리고 황산하(黃山河)를 건넜다. 이를 예상한 가야 측에서는 병사를 수풀 속에 숨겨두고 기다리고 있었다. 이 사실을 몰랐던 지마는 진격 중에 가야 복병의 공격을 받아 포위당했다. 그렇지만 지마는 침착하게 포위를 뚫고 퇴각할 수 있었다.

그렇다고 지마가 이대로 끝내지는 않았다. 다음 해인 116년(지마 5) 8월, 장수를 보내 또다시 가야 침공에 나섰다. 지마도 신하에게만 맡겨놓지 않고, 정예 병력 1만 명을 거느리고 뒤따랐다. 지마의 대규모 침공에 가야 측에서는 성에 들어앉아 지키는 전략으로 대응했다. 그런데 마침 그칠 줄 모르고 비가 내렸다. 이 때문에 곤란을 겪은 지마는 군대를 돌려야 했다.

120년(지마 9) 2월, 큰 별이 월성 서쪽에 떨어지며 천둥치는 소리가 났다. 이런 이변을 겪은 다음 달인 3월에는 수도에 질병이 크게 번졌다.

121년(지마 10) 정월에 익종(翌宗)을 이찬으로, 흔련(昕連)을 파진찬으로, 임권(林權)을 아찬으로 임명했다. 2월에는 대증산성(大甑山城)을 쌓았다. 그런지 두 달 후인 4월, 왜인이 동쪽 변경을 침략했다.

122년(지마 11) 4월에는 동쪽에서 불어 온 큰바람에 나무가 부러지고 기와가 날아가는 사태가 일어났다. 바람은 저녁이 되어서야 그쳤다. 이 일을 겪은 후, 왕도에 사는 사람들이 '왜군이 쳐들어온다'는 헛소문에 현혹되어 산골짜기로 피난 가는 일이 벌어졌다. 지마는 이찬 익종 등에게 백성을 타일러 말리도록 하며 수습에 나섰다. 7월에는 메뚜기가 늘어나 곡식을 해쳤다. 이 때문에 흉년이 들고 도둑이 늘어났다.

123년(지마 12) 3월에는 지난해의 헛소문이 부담스러웠는지 왜국(倭國)과 화해했다. 이후에는 이변과 재해 기록이 이어진다. 4월에 서리가 내렸고, 5월에는 금성 동쪽의 민가(民家)가 무너져 내려 연못이 되었다. 그 자리에서 연[부거芙蕖]이 돋아났다 한다. 124년(지마 13) 9월 그믐 경신에는 일식이 있었다.

125년(지마 14) 정월, 말갈(靺鞨)이 북쪽 변경에 대규모 침공을 감행하여 관리와 백성을 죽이고 노략질해가는 사태가 일어났다. 말갈의 침략은 여기서 그치지 않았다. 7월에도 대령책(大嶺柵)을 습격한 후 이하(泥河)를 지나 진격해 왔다. 위기를 느낀 지마는 백제에 구원을 요청했다. 백제 측에서는 다섯 명의 장군을 지휘관으로 해서 지원병을 보내왔고, 말갈은 그 소식을 듣고서 물러갔다.

이후 또 이변과 재해 기록이 이어진다. 127년(지마 16) 7월 초하루 갑술에 일식이 있었다. 128년(지마 17) 8월에 장성(長星: 꼬리가 긴 혜성)이 나타났고, 10월에 동쪽 지역에 지진이 일어났으며, 11월에 천둥이 쳤다는 내용까지 기록되어 있다.

129년(지마 18) 가을에 이찬 창영(昌永)이 죽어, 파진찬 옥권(玉權)을 이찬으로 승진시켰다. 131년(지마 20) 5월에는 민가가 떠내려가고 물에 잠길 정도의 홍수가 났다. 132년(지마 21) 2월에는 궁궐의 남쪽 문에 불이 났다. 134년(지마 23) 봄과 여름에는 가뭄이 들었다. 이런 재해를 겪던 중인 8월, 지마가 아들 없이 죽었다.

제7대 일성이사금

134년(일성 1), 아들 없이 죽은 지마이사금의 뒤를 이어 즉위한 이가 일성이사금(逸聖尼師今)이다. 『삼국사기』에 기록된 대로라면 일성은 유리왕의 맏아들이고, 지마의 아버지인 파사의 형이다. 그런데 이 내용을 액면 그대로 받아들이면 납득할 수 없는 현상이 보인다. 아버지인 유리가 즉위한 지 56년 후에 왕위에는 동생(파사)이 먼저 올랐다. 장남 일성은 동생의 아들인 조카(지마)가 아들 없이 죽은 다음에야 왕위에 올랐는데, 그때가 아버지인 유리가 즉위하고 나서 110년이 지난 시점이다. 현실적으로 가능한 일이라 생각하기 어려울 것이다.

그래서 이 역시 『삼국사기』 연표가 조작되었다는 근거로 즐겨 인용된다. 하지만 이 또한 다른 가능성이 열려 있다. 『삼국사기』에는 일성의 계보에 "또는 일지갈문왕(日知葛文王)의 아들이라고도 했다"는 주석을 붙여놓았다. 즉 이 혼선역시 연표 조작의 문제가 아니라 특성상 헷갈릴 수밖에 없는 신라 왕실 계보의 문제일 수 있는 것이다.

어쨌든 일성의 왕비는 지소례왕(支所禮王)의 딸 박씨라고 한다. 그는 즉위한 해 134년(일성 1) 9월에 대규모 사면령을 내렸다. 그리고 다음 해 135년(일성 2) 정월에 관례대로 몸소 시조묘에 제사 지냈다.

136년(일성 3) 정월에 웅선(雄宣)을 이찬으로 삼아 군사 업무를 맡겼다. 그리고 근종(近宗)을 일길찬으로 삼았다. 이는 일성이 자신과 가까운 인물을 중심으로 정국을 정비해놓은 것으로 해석할 수 있다. 그런데 이렇게 정국을 정비해놓은 바로 다음 해부터 주변 세력과의 충돌이 이어졌다. 일성이사금 시기 신라를 괴롭혔던 주변세력은 말갈이었다.

137년(일성 4) 2월에 말갈이 변방에 쳐들어와, 장령(長嶺)의 목책(木柵) 다섯 개를 불사르는 사건이 일어난 이후로 신라는 계속 말갈의 침략에 시달렸던 것이다. 이 침공을 겪은 다음 해인 138년(일성 5) 2월, 일성은 금성에 정사당(政事堂)을 설치했다. 그리고 7월에는 알천의 서쪽에서 대규모로 군대를 사열하며 전열을 정비했다. 10월에는 북쪽 지역을 돌며, 태백산(太白山)에 제사를 지냈다.

139년(일성 6) 7월에 서리가 내려 콩 농사에 지장을 주었다. 어려움을 겪고 있던 상황에서 설상가상으로, 8월에 말갈이 장령(長嶺)을 습격하여 백성을 노략질했다. 이 침공은 10월에도 되풀이되었으나, 눈이 심하게 내려 자연스럽게 극복되었다. 말갈의 침략이 반복되자, 신라 측에서는 다음 해인 140년(일성 7) 2월, 장령에 목책을 세워 방어를 강화했다. 141년(일성 8) 9월 그믐 신해(辛亥)에는 일식이 일어났다.

142년(일성 9) 7월, 말갈의 침략에 시달리던 일성은 여러 신하들과 함께 말갈 정벌에 대해 의논했다. 하지만 이찬 웅선이 말렸다. 사정이 여의치 않다고 생각한 일성은 이 건의에 따라 말갈 정벌 실행을 그만두었다. 이후 일성은 내부 정비에 힘쓴 듯, 143년(일성 10) 2월에는 궁실(宮室)을 수리했다. 6월 을축(乙丑)에는 형혹(熒惑: 화성)이 진성(鎭星: 토성)을 침범하는 현상이 보였다. 11월에는 천둥이 쳤다고 한다.

약간의 이변을 겪었지만 144년(일성 11) 2월, 일성은 영(令)을 내렸다. "농사는 정치의 근본이고, 먹는 것은 백성이 하늘처럼 여기는 것이니, 여러 주(州)와 군(郡)은 제방을 수리·보강하고 토지를 많이 개간하라"는 내용이다. 돌려 말했지만 결국 경제적 기반을 확보하기 위한 조치라 할 수 있다. 같은 맥락에서 검소한 풍조를 심으려 했다. 민간에서 금은(金銀)과 주옥(珠玉)을 사용하지 못하도록 했던 것이다.

그랬음에도 145년(일성 12)에는 봄·여름에 걸쳐 가뭄이 들었다. 가뭄 피해로 남쪽 지방 백성들이 특히 굶주리자, 일성은 다른 지역의 곡식을 나눠줘 구제하도록 하는 조치를 취했다.

가뭄으로 어려움을 겪은 다음 해인 146년(일성 13) 10월, 압독(押督)이 반란을 일으켰다. 일성은 군사를 보내 토벌하고, 살아남은 자들은 남쪽 지방으로 이주시켰다. 압독의 반란을 쉽게 평정했음에도 위기를 느꼈는지, 147년(일성 14) 7월, 일성은 신료들에게 장수가 될 능력을 갖춘 사람을 천거하라는 명을 내렸다.

148년(일성 15) "박아도(朴阿道)를 갈문왕(葛文王)에 봉(封)했다"는 기록이 나온다. 그런데 『삼국사기』에는 이에 대한 해설이 붙어 있다. 신라에서는 죽은 후에 봉하는 왕을 모두 갈문왕이라 했다는 것이다. 그렇지만 이렇게 해설을 붙여놓고도 "그 뜻은 알 수 없다"고 해놓았다.

149년(일성 16) 정월에는 득훈(得訓)을 사찬으로, 선충(宣忠)을 나마로 삼았다. 이후 이변과 재해가 이어졌다. 8월에는 살별이 천시(天市: 별자리)에 나타나는 현상이 일어났고, 11월에 천둥이 치고 수도에 돌림병이 크게 번졌다 한다.

150년(일성 17) 4월부터 가뭄이 들었다가 7월이 되어서야 비가 내렸다.

151년(일성 18) 2월, 즉위 초부터 일성과 함께 정국을 이 끌어왔던 이찬 웅선(雄宣)이 죽었다. 일성은 대선(大宣)을 그 의 후임으로 삼아 전국의 군사 업무를 맡겼다. 이후 또 이변 과 재난이 이어졌다. 3월에 우박이 내렸다. 그리고 2년 후인 153년(일성 20) 10월에 궁궐 문에 불이 났으며, 살별이 동쪽 과 동북쪽에 나타났다. 이런 일이 있은 다음 해 154년(일성 21) 2월, 일성이 죽었다.

제8대 아달라이사금

일성의 맏아들로, 154년(아달라 1)에 뒤를 이은 인물이 아
달라이사금(阿達羅尼師今)이다. 그는 키가 7자에 달했고, 콧
마루가 두툼하고 커서 '범상치 않은 인상'을 주었다 한다. 어
머니 박씨는 지소례왕(支所禮王)의 딸이고, 왕비는 박씨 내례
부인(內禮夫人)으로 지마왕(祇摩王)의 딸이다. 아달라는 즉위
한 해 3월에 계원(繼元)을 이찬으로 삼아 군사 업무와 국정을
맡기며 통치에 나섰다.

155년(아달라 2) 정월에 시조묘에 제사 지내고 대규모 사
면령을 내렸다. 이와 함께 흥선(興宣)을 일길찬으로 삼았다.

156년(아달라 3), 여름으로 접어든 음력 4월임에도 서리가

내리는 이변이 일어났다. 이런 와중에도 계립령(雞立嶺)의 길을 열었다. 이어 157년(아달라 4) 2월에는 감물현(甘勿縣)과 마산현(馬山縣) 두 현을 새로 설치했다. 3월에는 장령진(長嶺鎭)에 행차하여, 병사들을 위로하고 각자에게 군복을 내려주었다. 158년(아달라 5) 3월에도 죽령(竹嶺) 길을 열었다. 『삼국사기』에는 이때 왜 사신이 왔다는 기록을 남기고 있다.

160년(아달라 7)부터는 재해가 이어졌다. 4월에 폭우가 내려 알천(閼川)의 물이 넘쳤다. 이 때문에 민가가 떠내려갔다. 그리고 금성(金城)의 북문이 뚜렷한 이유 없이 무너졌다. 161(아달라 8) 7월에는 메뚜기 떼가 곡식을 해쳤다. 그리고 바다에서 많은 물고기가 물 밖으로 나와 죽는 이변이 일어났다. 재해를 겪고 난 다음 해인 162년(아달라 9), 이사금이 직접 사도성(沙道城)에 행차하여 이곳 병사들을 위로했다.

164년(아달라 11) 2월, 수도에 용이 나타났다고 한다. 이는 보통 경사를 의미함에도, 다음 해인 165년(아달라 12)에는 험악한 사태가 일어났다. 10월에 아찬 길선(吉宣)이 반역을 꾀하다가 발각되었다는 것이다. 길선은 처벌을 피해 백제로 달아났다. 아달라는 백제에 길선의 소환을 요구하였으나, 백제 측에서는 들어주지 않았다. 분개한 아달라는 군대를 동원해 백제 침공에 나섰다. 백제는 성 안에 틀어박혀 대응하지 않는 전략으로 맞섰다. 이에 대책을 찾지 못한 신라군은 식량이 떨어져 돌아왔다.

166년(아달라 13) 정월 초하루 신해(辛亥)에 일식이 있었다. 그리고 167년(아달라 14) 7월에 백제가 침공해 왔다. 신라 서쪽에 있는 두 성을 습격하여 함락하고, 백성 1,000명을 붙잡아 돌아갔던 것이다. 신라 측에서는 8월에 일길찬 홍선(興宣)에게 군사 2만 명을 주어 백제 공략을 시도했다. 아달라도 직접 기병(騎兵) 8,000명을 거느리고, 지원에 나섰다. 한수(漢水)로부터 출발했다는 아달라의 지원군이 도착하자, 백제 측에서는 잡아갔던 신라인들을 돌려보내고 화친을 청해왔다.

백제와의 분쟁이 일단락된 뒤인 168년(아달라 15) 4월, 이찬 계원(繼元)이 죽었다. 아달라는 그 후임으로 홍선(興宣)을 기용했다. 그리고 170년(아달라 17) 2월에 시조묘를 수리했다. 그랬는데도 이후 재해와 전쟁이 이어졌다. 7월에는 수도[경사京師]에 지진이 일어났고, 서리와 우박이 내려 곡식이 피해를 입었다. 10월에 백제가 쳐들어와 변경을 노략질했다. 171년(아달라 18) 봄에도 기근이 들어 백성들이 굶주렸다.

흉사가 이어지던 172년(아달라 19) 정월, 아달라는 구도(仇道)를 파진찬으로 구수혜(仇須兮)를 일길찬으로 임명하는 인사조치를 취했다. 그랬는데도 2월에는 시조묘에 변고가 있었고 수도에 돌림병까지 크게 돌았다.

이런 와중인 173년(아달라 20) 5월, 왜(倭)의 여왕 히미코[비미호卑彌乎]가 사신을 보내왔다. 이후에도 재해가 이어졌다. 174년(아달라 21) 정월에는 흙이 비처럼 내렸고[우사雨土], 2월에는 가물어 우물까지 말랐다. 이후 10년 동안 기록이 나타나지 않다가 184년(아달라 31) 봄 3월, 아달라가 죽었다.

제9대 벌휴이사금

184년(벌휴 1), 아달라의 뒤를 이어 즉위한 인물이 벌휴이사금(伐休尼師今: 또는 발휘發暉)이다. 여기서 특이한 점은 벌휴의 성이 석(昔)씨였다는 점이다. 『삼국사기』에는 벌휴가 탈해왕 아들 구추(仇鄒) 각간의 아들이라 해놓았다. 어머니의 성은 김씨로 지진내례부인(只珍內禮夫人)이라 한다. 이를 보면 벌휴는 아달라의 직계가 아니었음을 알 수 있다.

이와 같이 성(姓)까지 다른 벌휴가 왕위에 오르게 된 데에는 사정이 있었다. 우선 아달라가 죽었을 때 아들이 없었다는 점은 기본이다. 물론 다른 이유도 붙어 있다. 『삼국사기』에 의하면 벌휴는 "바람과 구름을 점쳐 홍수와 가뭄, 그리고 그 해의 풍년과 흉년을 미리 알았다"고 한다. 이에 더하여 "사람의 사악함과 정직함을 알았다"는 것이다. 이 때문에 신라 사람들은 그를 성인(聖人)이라 일컬으며, 왕위에 올렸다는 뜻이 되겠다.

185년(벌휴 2) 정월, 벌휴 역시 관례대로 시조묘에 제사 지내고 대규모 사면령을 내렸다. 다음 달에는 파진찬(波珍湌) 구도(仇道)와 일길찬(一吉湌) 구수혜(仇須兮)로 하여금 소문국(召文國)을 정벌하도록 했다. 이때 구도와 구수혜를 좌·우군주(左右軍主)로 임명했는데, 이것이 군주(軍主)라는 명칭의 기원이 되었다 한다.

186년(벌휴 3) 정월에는 신라 안의 주·군을 돌며 풍속을 살펴보았다. 5월 그믐 임진(壬辰)에는 일식이 있었고, 7월에는 남신현(南新縣)에서 상서로운 벼이삭을 바쳤다.

187년(벌휴 4) 3월, 벌휴는 나라 안의 주·군에 영(令)을 내렸다. 토목공사를 일으켜 농사의 때를 빼앗는 일이 없도록 하라는 것이었다. 10월에는 북쪽 지방에 1길(10자)이나 큰 눈이 내렸다.

188년(벌휴 5) 2월, 백제가 모산성(母山城)을 공격해 왔다. 벌휴는 파진찬 구도를 지휘관으로 삼아 군대를 파견하여 막도록 했다. 이 전쟁은 다음 해까지 계속된 것 같다.

189년(벌휴 6) 7월, 구도가 백제군과 구양(狗壤)에서 싸워

500여 명을 죽이거나 사로잡는 전과를 올렸다고 되어 있다.

190년(벌휴 7) 8월에는 백제가 또 서쪽 국경에 있는 원산향(圓山鄕)을 습격해 왔다. 백제군은 여기서 멈추지 않고 진군하여 부곡성(缶谷城)을 포위했다. 구도가 정예 기병 500명을 거느리고 반격을 하자, 백제군은 전투에서 밀리는 척하고 달아났다. 이를 눈치 채지 못한 구도가 추격하자, 백제군은 와산(蛙山)까지 신라군을 끌어들인 다음 반격했다. 이 반격에 구도는 패배를 맛보았다. 왕은 구도의 실책에 책임을 물어 부곡성주(缶谷城主)로 좌천시켰다. 그 후속 조치로 설지(薛支)를 좌군주(左軍主)로 삼았다.

191년(벌휴 8) 9월, 치우기(蚩尤旗: 혜성의 일종)가 각성(角星)과 항성(亢星) 성좌에 나타났다.

192년(벌휴 9) 정월에 국량(國良)을 아찬으로, 술명(述明)을 일길찬으로 임명했다. 3월에는 수도에 3자나 쌓이는 눈이 내렸다. 5월에는 10여 곳의 산을 무너뜨릴 정도의 홍수가 났다.

193년(벌휴 10) 정월 초하루 갑인(甲寅)에 일식이 있었다. 3월에는 한기부(漢祇部)의 여자가 아들 넷과 딸 하나를 한꺼번에 낳았다. 6월, 심하게 굶주리던 왜인 중, 먹을 것을 구하러 신라로 온 사람이 1,000여 명이나 되었다는 기록이 나온다. 이 실체를 두고 논란이 많다. 194년(벌휴 11) 6월 그믐 을사(乙巳)에 또 일식이 일어났다.

196년(벌휴 13) 2월에 궁실을 다시 수리했는데, 이후 흉한 일이 이어졌다. 3월에는 가물었고, 4월에는 궁궐 남쪽의 큰 나무와 금성 동쪽 문이 벼락을 맞았다. 그리고 벌휴가 죽었다.

제10대 내해이사금

196년(내해 1), 벌휴의 뒤를 이어 왕위에 오른 인물은 내해이사금(奈解尼師今: 또는 나해奈解)이다. 그런데 그는 벌휴의 아들이 아닌 손자다. 벌휴가 오랫동안 왕위에 있었던 것이 아님에도, 그 사이에 태자 골정(骨正)과 둘째 아들 이매(伊買)는 먼저 죽었다. 이렇게 아들들이 먼저 세상을 떠나고 난 다음 벌휴가 죽었을 때, 맏손자[대손大孫]도 아직 어리기 때문에 이매의 아들을 왕위에 세운 것이다. 그 인물이 바로 내해이사금이다. 일반적인 왕위 계승에 비해 계보가 많이 꼬였다는 느낌을 받게 된다.

여기에 어머니가 내례부인(內禮夫人)이라는 점도 의문을

산다. 아달라가 아들 없이 죽었기 때문에 왕위가 벌휴에게 돌아갔다고 했다. 그런데 정작 아달라의 왕비였던 내례부인은 아들 내해를 낳았다는 얘기가 되기 때문이다. 유교적 관습에 익숙해진 시각으로 보면 이해가 되지 않을 수 있다. 그런데 이를 이해할 수 있는 단서가 있다. 내해의 왕비도 석씨이며, 그녀는 내해의 뒤를 이은 조분왕의 누이 동생이다. 내해 자신부터도 같은 성씨끼리 혼인을 한 셈이다. 더욱이 내해의 매부가 되는 조분은 내해의 딸과 혼인한 사위이기도 했다. 즉 처남에게 딸을 시집보내 혼인시켰다는 얘기다. 이 사실은 당시의 왕족 간 내혼(근친혼) 제도가 부른, 극단적 계보 혼란의 한 단면을 보여준다고 해석할 수 있다.

내해가 개인적으로는 위엄 있는 용모에, 뛰어난 재주까지 있었다고 한다. 그리고 내해가 즉위한 해 정월부터 4월까지 비가 오지 않다가, 왕이 즉위하는 날에 큰비가 내렸다. 이 때문에 백성들이 기뻐했다는 일화도 있다.

197년(내해 2) 정월, 내해 역시 관례대로 시조묘를 찾았다.

198년(내해 3) 4월, 시조묘 앞에 쓰러져 있던 버드나무가 저절로 일어나는 일이 있었다 한다. 5월에는 서쪽 지역에 홍수가 났다. 내해는 수해를 당한 주(州)·현(縣)의 1년 조세와 공물 부담을 면제해주는 조치를 취했다. 그리고 7월에는 사자(使者)를 보내 위문까지 했다.

199년(내해 4) 7월에 백제가 변경에 침입해 왔다. 이후 이변이 이어졌다. 200년(내해 5) 7월에 금성[태백太白]이 낮에 나타났고, 서리가 내려 풀이 죽었다. 9월 초하루 경오(庚午)에 일식이 있었다. 이런 일은 겪으면서도, 내해는 알천에서 대규모 사열을 실시했다.

201년(내해 6) 2월, 가야국이 화친을 요청해 왔다. 단순해 보이는 이 화친이, 이후 큰 사건과 연결되는 도화선이 되었다. 3월 초하루 정묘(丁卯)에 일식이 있은 후, 큰 가뭄이 들었다. 내해는 나라 안의 옥에 갇혀 있던 죄수의 사정을 살펴 가벼운 죄는 용서해주는 조치를 취했다.

203년(내해 8) 10월, 말갈이 변경을 침범해왔다. 이 결과에 대한 언급은 없다. 이후 복숭아꽃과 오얏꽃이 피는 이변과 함께, 많은 사람들이 돌림병에 걸렸다는 이야기만 이어진다.

205년(내해 10) 2월에 진충(眞忠)을 일벌찬(一伐湌)으로 삼아 국정에 참여시켰다. 그런데 이후 또 불길한 사건이 이어졌다. 7월에 서리와 우박이 내려 곡식을 해쳤고, 태백성이 달을 범하는 현상이 일어났다. 8월에는 여우가 금성과 시조묘의 뜰에서 울었다.

207년(내해 12) 정월에는 왕자 이음(利音: 또는 나음奈音)을 이벌찬으로 삼고, 전국의 군사 업무도 맡겼다. 바로 다음 해부터 이때 임명된 이음이 능력을 발휘해야 할 상황이 터졌다.

208년(내해 13) 2월 서쪽 지역의 군읍(郡邑)을 열흘 동안 돌아보았는데, 이해 4월 왜인이 변경을 침범해 왔다. 내해는 이 침공을 막는 데, 이벌찬 이음을 지휘관으로 하는 군대를 보냈다. 『삼국사기』에는 이렇게 단순한 내용만 기록되어 있지만, 그 의미는 작지 않다. 이전까지 비교적 사이가 나쁘지 않았던 신라와 왜의 관계가 이 사건 이후 심각한 적대 관계로 바뀌었기 때문이다. 그리고 이는 다음 해에 일어난 사건과도 무관하지 않은 듯하다.

209년(내해 14) 7월에 포상(浦上)의 여덟 나라가 가라(加羅)와 분쟁을 빚었다. 이 때문에 가라 왕자가 신라에 구원을 요청해 왔다. 내해는 그 요청을 받아들여 태자 우로(于老)와 이벌찬 이음(利音)으로 하여금 6부의 군사를 이끌고 구원하도록 했다. 우로와 이음은 이 여덟 나라의 장군을 공격하여 죽이고, 포로가 되었던 6,000명을 되찾아 가라에 돌려주었다.

이와 같은 기록만 보면, 이 사건은 단순히 신라가 가라국을 지원하는 형태로 가야의 내분에 개입한 것이 전부인 것처럼 보인다. 하지만 이후 『삼국사기』에서는 이전까지 신라와 심한 분쟁을 빚던 가야가 200년 가까이 나타나지도 않는다. 또 왜와의 분쟁이 심해진다는 점까지 고려해보면 정치적 의미가 작지는 않은 듯하다. 이 사건은 신라가 가야의 내분을 틈타 이 세력을 제압하고, 신라·가야가 있던 현재 경상도 지역의 패권을 장악한 것으로 볼 수 있다. 이 결과 낙동강을 중심으로 한 교역권에서 신라가 독점적 지위를 차지하게 되었을 것이고, 이에 따라 왜가 타격을 받았다고 추측할 수 있다. 실제로 이 시기 이후 일본에서는 중국 등에서 수입한 물건이 줄어드는 양상이 나타난다는 주장도 있다. 이즈음 물계자(勿稽子)라는 인물이 전쟁에서 공을 세우고도 포상을 받지 못하자, 사체산(師彘山)으로 들어가 돌아오지 않았다는 이야기가 나온다.

210년(내해 15) 봄·여름에 걸쳐 가뭄이 들었다. 내해는 신하를 보내 군읍(郡邑)의 옥에 갇혀 있는 죄수들의 사정을 살펴, 두 가지 사형죄를 제외한 나머지는 용서해주도록 했다. 그리고 다음 해인 211년(내해 16) 정월, 훤견(萱堅)을 이찬으로, 윤종(允宗)을 일길찬으로 삼았다.

212년(내해 17) 3월, 가야(加耶)에서 왕자를 볼모로 보내왔다. 여덟 나라와의 분쟁에 병력을 파견하여 도와준 대가로 짐작된다. 외교적으로는 잘 풀려나가는 셈이었지만, 5월에 홍수가 닥쳐 민가가 피해를 입었다.

214년(내해 19) 3월에도 나무가 부러질 정도의 큰바람이 불었다. 이런 피해를 입고 난 후인 7월, 백제가 신라 서쪽의 요거성(腰車城)을 공격해 와서 성주 설부(薛夫)를 죽였다. 내해는 이벌찬 이음(利音)으로 하여금 정예군사 6,000명을 이끌고 백제를 치게 했다. 그 결과 사현성(沙峴城)을 함락했다. 12월에 뜬금없이 천둥이 쳤다 한다.

218년(내해 23) 7월, 무기 창고의 병기[병물兵物]가 저절로 밖으로 나오는 사건이 있었다. 합리적으로 이해하기 어려운 내용이지만, 곧바로 전쟁이 일어나는 점을 보아, 이를 예견했다는 것처럼 보인다. 이후 백제 군대가 장산성(獐山城)을 포위해 왔다. 내해는 몸소 군사를 이끌고 반격하여 백제군을 격퇴했다.

220년(내해 25) 3월, 이벌찬 이음이 죽어 후임으로 충훤(忠萱)을 임명하고 군사 업무도 아울러 맡겼다. 7월에는 양산(楊山) 서쪽에서 대규모 군대 사열을 실시했다.

222년(내해 27)에는 이변이 잇달았다. 초여름에 해당하는 음력 4월 임에도 우박이 내려 콩과 보리를 해쳤다. 남신현(南新縣)에서는 사람이 죽었다가 한 달 뒤 다시 살아나는 일도 있었다. 이런 일을 겪은 뒤인 10월, 백제군이 우두주(牛頭州)를 침공해 왔다. 이음의 후임으로 이벌찬이 된 충훤(忠萱)이 이를 막기 위해 나섰지만, 웅곡(熊谷)에서 패한 뒤 혼자 돌아왔다. 내해는 그를 진주(鎭主)로 좌천시키고, 연진(連珍)을 새 이벌찬으로 임명한 뒤, 군사 업무를 맡겼다.

224년(내해 29) 7월, 새로 임명된 이벌찬 연진이 봉산(烽山) 아래에서 백제군과 싸워 이기고 1,000여 명을 죽이거나 사로잡는 전과를 올렸다. 8월에는 봉산성(烽山城)을 쌓았다.

226년(내해 31) 봄에 비가 내리지 않다가 가을에 접어드는 음력 7월에 이르러서야 비가 왔다. 가뭄의 여파로 백성이 굶주렸으므로 창고의 곡식을 풀어 진휼했다. 10월에는 전국의 옥에 갇힌 죄수들의 정상을 살펴 가벼운 죄는 용서했다.

227년(내해 32) 봄 2월에 서남쪽의 군읍을 두루 돌아보고 3월에 돌아왔다. 파진찬 강훤(康萱)을 이찬으로 삼았다.

229년(내해 34)에는 이변이 잇달았다. 4월에는 뱀이 남쪽 창고에서 3일 동안 울었다. 9월에는 지진이 일어났고, 10월에는 큰 눈이 내려 5자나 쌓이는 사태가 있었다. 이렇게 불길한 현상이 나타난 다음 해인 230년(내해 35) 3월, 왕이 죽었다.

제11대 조분이사금

230년(조분 1), 내해의 뒤를 이은 인물이 조분이사금(助賁尼師今: 또는 제귀諸貴)이다. 그 역시 석씨로, 벌휴이사금의 손자고 아버지는 골정갈문왕(骨正葛文王: 골정骨正을 홀쟁忽爭으로도 썼다)이다. 어머니는 구도(仇道)갈문왕의 딸 김씨 옥모부인(玉帽夫人)이고, 왕비는 내해왕의 딸 아이혜부인(阿爾兮夫人)이다.

조분이 내해의 뒤를 잇게 된 이유도 사실 의문이다. 내해에게는 뒤를 이를 태자 우로가 있었다. 그런데도 태자가 뒤를 잇지 않고 매부이자 사위인 조분에게 왕위가 넘어갔다. 이는 내해의 유언 때문이라고 한다. 내해가 죽으면서, 태자가 아닌 조분에게 왕위를 물려주라 했다는 것이다. 조분이라는 인물에 대한 평가는 좋다. 그는 키가 크고 풍채가 뛰어났다. 사리에 맞게 일을 처리했기 때문에, 나라 사람들이 두려워하면서도 존경했다.

230년(조분 1), 연충(連忠)을 이찬으로 삼고 군사 업무와 국정을 맡겼다. 그리고 7월에 시조묘를 찾아뵈었다.

231년(조분 2) 7월에 이찬 우로(于老)를 대장군으로 삼아 감문국(甘文國)을 토벌했다. 이 정벌 끝에 신라는 감문국을 군(郡)으로 삼았다.

232년(조분 3) 4월 갑자기 침략해 온 왜인이 금성을 에워쌌다. 조분이 몸소 나가 싸운 결과, 왜군은 궤멸 상태로 패주했다. 경무장한 정예 기병을 보내 추격에 나섰고, 1,000여 명을 죽이거나 사로잡는 전과를 올렸다.

233년(조분 4) 4월 지붕의 기와를 날릴 정도의 큰바람이 불었다. 5월에는 왜군이 동쪽 변경을 노략질했다. 지난해에 수도를 직접 공략하다 큰 피해를 보자 다시 변경을 노략질하는 전략으로 바꾼 듯하다. 그러나 이런 전략 변화도 큰 효과를 보지는 못했다. 왜군은 7월에도 쳐들어왔지만, 이찬 우로가 이들을 사도(沙道)에서 맞아 싸웠다. 우로는 바람을 이용하여 화공을 감행, 왜군의 배를 불태우는 전술을 썼다. 우로의 전술에 말려든 왜군은 불타는 배에서 물속으로 뛰어들어 모두 죽었다고 한다.

235년(조분 6) 정월, 조분은 왜의 침략에 피해를 보던 동쪽 지방을 두루 돌며 진휼했다.

236년(조분 7) 2월, 골벌국왕(骨伐國王) 아음부(阿音夫)가 무리를 이끌고 투항해 왔다. 신라 측에서는 그에게 집과 토지를 주어 살게 하고, 그가 지배하던 지역을 군(郡)으로 삼았다.

237년(조분 8) 8월, 메뚜기 떼가 곡식을 해쳤다. 그리고 3년 뒤인 240년(조분 11) 백제가 서쪽 변경을 침범했다. 이렇게 좋지 않은 일이 일어난 뒤인 242년(조분 13) 가을에는 반대로 대풍년이 들었다. 이를 상징하듯이 고타군(古陁郡)에서 상서로운 벼이삭을 바쳤다.

244년(조분 15) 봄 정월에 이찬 우로를 서불한(舒弗邯: 신라 17관등 중의 제1등인 이벌찬伊伐湌의 다른 이름이다. 서발한舒發韓·서불한舒弗邯이라고도 표기하며, 각간角干, 각찬角粲으로 불리기도 했다)으로 삼고, 군사 업무도 맡겼다. 바로 다음 해 우로의 능력이 시험대에 올랐다.

245년(조분 16) 10월, 고구려가 북쪽 변경에 침략해 온 것이다. 우로가 군사를 이끌고 나가 맞아 싸웠으나 이기지 못했다. 우로는 일단 마두책(馬頭柵)까지 물러나 방어 태세를 갖추었다. 마침 그날 밤 기온이 떨어져 매우 추웠는데, 우로는 직접 나서서 병사들을 위로하고 불을 지펴주었다. 이 덕분에 감격한 병사들의 사기가 올랐다 한다. 하지만 이후의 상황 전개에 대한 이야기는 기록에 남지 않았다.

246년(조분 17) 10월, 동남쪽에 마치 한 필의 명주를 걸어 놓은 것 같은 흰 기운이 일어났다 한다. 11월에는 반대로 수도에 지진이 일어났다. 그리고 다음 해인 247년(조분 18) 5월에 왕이 죽었다.

제12대 첨해이사금

조분의 뒤는 친동생인 첨해이사금(沾解尼師今)이 이었다.
그는 즉위한 해 247년(첨해 1) 7월에 시조묘를 찾아뵈었다.
그리고 아버지 골정(骨正)을 세신갈문왕(世神葛文王)으로 봉
(封)했다.

그런데 『삼국사기』에서는 첨해가 즉위하면서 취한 조치
에 대해 비판조의 기록을 남겨놓았다. 한(漢)나라 선제(宣帝)
때의 사례를 언급하며, 황제의 아버지라도 당사자가 황제가
아니었으면 제후왕의 예에 맞는 명칭을 쓰는 것이 경전의
뜻이라 했다. 그런데 신라에서는 임금이 왕 아닌 아버지나
장인까지도 왕으로 봉하는 경우가 많았으니, 본받을 만한 것

이 못된다고 했다.

248년(첨해 2) 정월, 이찬 장훤(長萱)을 서불한으로 임명해 정사를 맡겼다. 2월에는 고구려에 사신을 보내 화친을 맺었다.

249년(첨해 3) 4월, 왜인이 서불한 우로(于老)를 죽이는 사건이 일어났다. 「신라본기」에는 이렇게 단순한 사실만 적혀 있지만, 『삼국사기』 「열전(列傳)」 '석우로 편'에는 좀 더 복잡한 사연들이 남아 있다. 먼저 첨해가 즉위한 후, 신라에 복속했던 사량벌국(沙梁伐國)이 백제로 귀순하려 하자 우로가 토벌해버렸던 사건이 나온다.

그리고 우로가 죽은 시점이 본기와 약간 다르게 253년(첨해 7)이라고 밝히며 그 사건의 전모를 적어놓았다. 이때 왜의 사신 갈나고(葛那古)가 파견되어 와 있었는데 우로가 대접을 맡았다는 것이다. 이는 신라가 계속되었던 전쟁에서 지쳐, 그동안 분쟁을 빚던 왜와 화해하려 했음을 시사한다.

문제는 화해 과정이 순탄하지 않았다는 점이며, 왜병을 격퇴했던 장본인 우로가 말썽의 주역이기도 했다는 사실이다. 우로는 왜의 사신인 갈나고(葛那古)를 접대하면서 "조만간에 너의 왕을 소금 만드는 노예[염노鹽奴]로 만들고 왕비를 밥 짓는 여자로 삼겠다"고 말해버린 것이다. 접대 중에 왜인을 깔보는 속마음을 드러낸 이 한마디로 화친 분위기는 파탄을 맞았다. 이 말을 전해들은 왜왕이 당장 군대를 보내 침공을 감행한 것이다.

이 침공 때문에 첨해이사금이 우유촌(于柚村)으로 피해야 하는 사태를 불렀다. 쓸데없는 전쟁으로 왕까지 피신하는 사태가 벌어지자, 우로는 책임을 지고 전쟁을 끝내려 했다. 우로는 직접 왜군을 찾아가 '농담이었을 뿐'이라고 해명하려 했다. 그러나 왜 측에서는 사과를 받아들이지 않고, 그를 붙잡아 불태워 죽인 후 돌아가 버렸다.

이런 사건을 치른 후인 7월, 첨해는 궁궐 남쪽에 남당(南堂: 또는 도당都堂)을 짓고 양부(良夫)를 이찬으로 삼았다. 그리고 2년 후인 251년(첨해 5) 정월, 남당에서 첫 번째 정무를 보았다.

그리고 한기부 사람 부도(夫道)에 관한 이야기가 나온다. 그는 집안이 가난했음에도 불구하고, 아첨하는 일이 없고 글씨와 셈을 잘하는 것으로 이름나 있었다. 첨해는 그를 아찬으로 등용하고 물장고(物藏庫: 나라에 필요한 물품을 보관하던 창고) 사무를 맡겼다.

253년(첨해 7) 4월, 용이 궁궐 동쪽 연못에 나타났고, 금성(金城) 남쪽에 쓰러져 있던 버드나무가 저절로 일어났다 한다. 그렇지만 5월부터 7월까지 비가 오지 않았다. 첨해가 조묘(祖廟)와 명산에 빌며 제사 지냈더니 비가 왔다. 그랬음에도 이해에는 흉년이 들어 도적도 많아졌다.

255년(첨해 9) 9월, 백제가 침공해 왔다. 신라 측에서는 일벌찬 익종(翊宗)이 출동하여 괴곡(槐谷)의 서쪽에서 백제군을 맞아 싸웠다. 그러나 그는 이 전투에서 전사했다. 10월에도 백제가 봉산성(烽山城)을 공격해 왔다. 그러나 성을 함락하지는 못했다. 이후 이변과 재해 기록이 이어졌다.

256년(첨해 10) 3월 동쪽 바다에 길이가 3길이고 높이가 1길 2자나 되는 큰 물고기 3마리가 나타났다. 그리고 10월 그믐에 일식이 있었다.

259년(첨해 13) 7월, 가뭄이 들면서 메뚜기 떼의 피해를 입었다. 그 결과 이해에도 흉년이 들어 도적이 늘어났다.

260년(첨해 14) 여름에는 반대로 큰비가 내려 산 40여 곳이 무너졌다. 7월에는 살별이 동쪽에 나타났다가, 25일 만에 없어졌다.

261년(첨해 15) 2월, 달벌성(達伐城)을 쌓고 나마(奈麻) 극종(克宗)을 성주로 임명했다. 3월에 백제가 사신을 보내 화친을 청해왔으나, 받아들이지 않았다. 그러던 12월 28일, 첨해는 갑작스런 병으로 죽었다.

제13대 미추이사금

262년(미추 1), 첨해의 뒤를 이은 인물이 미추이사금(味鄒尼師今: 또는 미조味照이사금)이다. 그의 즉위는 신라 역사에서 특별한 의미를 가진다. 이후 김씨가 왕위를 장악하는 계기가 되기 때문이다. 『삼국사기』에는 김씨의 선조인 알지에서 미추에 이르는 계보가 나와 있다. 알지에서 세한(勢漢)-아도(阿道)-수류(首留)-욱보(郁甫) 그리고 미추의 아버지 구도(仇道)로 연결된다는 것이다.

성도 다른 미추가 추대된 이유는 첨해가 아들 없이 죽었기 때문이다. 미추의 어머니는 갈문왕 이칠(伊柒)의 딸 박씨이고, 왕비는 조분왕의 딸 석씨 광명부인(光明夫人)이다

미추가 즉위한 해, 3월에 용이 궁궐 동쪽 연못에 나타났다. 그러나 7월에는 금성 서문(西門)에서 시작된 화재의 불길이 번져 민가 300여 채를 태웠다.

263년(미추 2) 정월, 이찬 양부(良夫)를 서불한으로 삼아 전국의 군사 업무도 맡겼다. 2월에 몸소 국조묘(國祖廟)에 제사 지내고, 대규모 사면령을 내렸다. 그리고 죽은 아버지 구도(仇道)를 갈문왕으로 봉했다.

264년(미추 3) 2월, 미추는 나라 동쪽을 돌아보며 바다에 망제(望祭: 타향에서 조상의 무덤이 있는 곳을 향하여 지내는 제사로, 옛날에는 왕이나 제후가 멀리서 산천을 바라보면서 산천의 신神에게 제사 지냈다)를 지냈다. 3월에는 황산(黃山)에 행차하여, 노인이나 가난하여 자기 힘으로 살아갈 수 없는 사람을 위문하고 진휼했다.

266년(미추 5) 8월, 백제가 봉산성(烽山城)을 공격해 왔다. 성주 직선(直宣)이 200명을 이끌고 나가 반격하자, 적이 패하여 달아났다. 이 소식을 전해들은 미추는 직선(直宣)을 일길찬으로 삼고, 휘하 병사들에게도 상을 후하게 주었다.

268년(미추 7) 봄·여름에 비가 내리지 않았다. 미추는 여러 신하들을 남당(南堂)에 모아놓고, 친히 정국 운영의 문제를 물었다. 또한 다섯 명의 사자(使者)로 하여금 전국을 두루 돌며, 백성의 괴로움과 걱정거리를 살피게 했다.

272년(미추 11) 2월, 농사짓는 일에 방해되는 조치들을 없애라는 영을 내렸다. 하지만 7월에는 서리와 우박이 내려 곡식을 해쳤다. 11월에는 백제가 변경을 침범했다.

276년(미추 15) 2월, 신하들이 궁궐을 고쳐 짓기를 청하였으나, 미추는 백성을 고생시킬 수 있다는 점을 우려하여 따르지 않았다.

278년(미추 17) 4월, 폭풍이 불어 나무가 뽑혔다. 10월에는 또 백제군이 괴곡성(槐谷城)을 포위했다. 신라 측에서는 파진찬 정원(正源)을 지휘관으로 하는 부대를 보내 막았다.

280년(미추 19) 4월, 가뭄이 들었다. 미추는 이를 계기로 죄수의 사정을 살폈다.

281년(미추 20) 정월에 홍권(弘權)을 이찬으로, 양질(良質)을 일길찬으로, 광겸(光謙)을 사찬으로 삼았다. 2월에는 조상의 묘[조묘祖廟]를 찾아뵈었다. 9월에 양산(楊山) 서쪽에서 대규모로 군대를 사열했다.

그랬음에도 283년(미추 22) 9월, 또 백제가 변경을 침범해왔다. 10월에 또다시 괴곡성이 포위되는 사태가 일어나, 신라 측에서는 일길찬 양질을 지휘관으로 하는 부대를 보내 방어에 나섰다.

284년(미추 23) 2월, 나라 서쪽의 여러 성을 두루 돌며 위무했다. 그해 겨울 10월 미추가 죽었다. 미추는 대릉(大陵: 또는 죽장릉(竹長陵)에 장사 지냈다.

정확한 시기는 나와 있지 않지만, 미추가 이사금 자리에 있던 어느 시점에 우로의 부인이 왜나라 사신을 보복 살인했다는 이야기가 남아 있다. 우로가 왜인들에게 살해당했는데도, 신라 측에서는 그의 실언 때문에 일어난 전쟁이라는 점을 인정해서인지 왜와 화해 분위기를 이어가려 했다. 그 결과 미추 때에 이르러 왜의 사신이 신라에 파견되었다. 그런데 우로의 부인이 미추에게 왜의 사신을 자기가 접대하겠다고 했다. 그녀의 속셈은 곧 드러났다. 그녀가 사신에게 술을 먹여 취하게 해놓고 그 틈을 타 그를 불태워 죽여버린 것이다.

제14대 유례이사금

284년(유례 1), 미추의 뒤는 그의 맏아들 유례이사금(儒禮尼師今)이 이었다. 그런데 『삼국사기』에는 「고기(古記)」를 인용하여 "신라의 제3대와 제14대 두 왕의 이름을 똑같이 유리(儒理) 또는 유례(儒禮)라 해놓아 어느 것이 옳은지 알 수 없다"는 고충을 적어놓고 있다. 유례의 어머니 박씨는 갈문왕 나음(奈音)의 딸이다. 『삼국사기』에는 유례를 잉태된 과정을 설화 형태로 남겨놓았다. 유례의 어머니가 밤길을 가는데 별빛이 입안으로 들어와 임신하게 되었다는 것이다. 유례가 태어나던 날 저녁에 이상한 향기가 방 안에 가득했다고도 한다.

285년(유례 2) 정월, 그 역시 시조묘를 찾아뵈었다. 2월에는 이찬 홍권(弘權)을 서불한으로 삼아 국정을 맡겼다.

286년(유례 3) 정월, 백제가 사신을 보내 화친을 청했다. 이에 대해 어떻게 대처했는지에 대해서는 기록을 남겨놓지 않은 채, 3월에 가뭄이 들었다는 내용만 이어진다.

287년(유례 4) 4월, 왜인이 일례부(一禮部)를 습격하여 불을 지르고는 백성 1,000명을 붙잡아 갔다.

289년(유례 6) 5월에도 왜에서 쳐들어온다는 소문이 돌자, 유례는 배와 노를 수리하고 갑옷과 무기를 손질하도록 했다. 그러나 재난은 왜가 아니라 자연으로부터 왔다. 290년(유례 7) 5월, 홍수가 나서 월성(月城)이 무너졌던 것이다.

291년(유례 8) 정월, 말구(末仇)를 이벌찬으로 삼았다. 말구는 충성스럽고 강직하면서도 지략이 풍부했다. 그래서 유례가 중요한 정사를 그와 의논했다.

292년(유례 9) 6월, 왜의 군사가 사도성(沙道城)을 공격하여 함락했다. 신라 측에서는 일길찬 대곡(大谷)을 지휘관으로 하는 구원 부대를 보냈다. 사도성은 곧바로 신라가 되찾았고, 대곡의 부대로 하여금 그곳을 지키도록 했다. 7월에는 가뭄이 든 데다가 메뚜기 떼까지 피해를 주었다.

293년(유례 10) 2월, 왜에 함락되었던 사도성을 고쳐 쌓고, 사벌주(沙伐州)의 부유한 백성 80여 집을 이주시켰다.

294년(유례 11) 여름, 왜군이 장봉성(長峯城)을 공격해 왔으나 함락하지 못했다. 7월에는 다사군(多沙郡)에서 상서로운 벼이삭을 바쳤다.

295년(유례 12) 봄, 유례는 신하들에게 왜 정벌 의사를 밝혔다. "왜인이 우리 성읍(城邑)을 자주 침범해 와 백성들이 편안하게 살 수 없으니, 백제와 연합하여 바다 건너 왜를 공격하고자 한다"는 것이었다. 그러나 서불한 홍권(弘權)이 반대했다. "우리나라 사람은 물에서의 싸움이 서투른데, 위험을 무릅쓰고 멀리까지 원정을 강행한다면 예기치 않은 위험이 생길 수 있다. 하물며 백제도 믿을 수 없으니 동맹도 어렵다"는 취지였다. 유례는 홍권의 뜻을 받아들여 왜 원정을 포기했다.

297년(유례 14) 정월에 지량(智良)을 이찬으로, 장흔(長昕)을 일길찬으로, 순선(順宣)을 사찬으로 삼았다. 그리고 이때 이서고국(伊西古國)이 금성을 공격해 왔다. 신라 측에서도 군대를 동원해서 막았으나 사태는 여의치 않았다. 그런데 홀연히 귀에 대나무 잎을 단 정체불명의 병사들이 수 없이 나타나 신라군과 함께 이서고국 병사들을 공격했다. 이 덕분에 승리를 거두었는데, 전투가 끝난 후 이 병사들은 어디론가 사라져버렸다. 어떤 사람이 죽장릉(竹長陵)에 대나무 잎 수만 장이 쌓여 있는 것을 본 다음, '앞 임금이 음병(陰兵: 신령스런

비밀 군대)'을 동원해 도왔다는 말이 퍼졌다.

298년(유례 15) 2월, 수도에 사람을 분별할 수 없을 정도로 짙은 안개가 끼었다가 5일 만에야 걷혔다. 그런 뒤인 12월 유례가 죽었다.

제15대 기림이사금

298년(기림 1), 유례의 뒤를 이은 인물이 기림이사금(基臨尼師今: 또는 기립基立)이다. 그는 '조분 이사금의 손자'이기는 하지만, 아버지는 이찬 걸숙(乞淑)으로 유례의 아들은 아니라고 되어 있다. 걸숙이 '조분왕의 손자'라는 말도 있다 하니, 정확한 계보를 알 수 있는 상황도 아닌 셈이다. 어쨌든 『삼국사기』에는 그의 성품이 너그러워 사람들의 칭송을 받았다 한다.

299년(기림 2) 정월, 장흔(長昕)을 이찬으로 삼고 전국의 군사 업무를 맡겼다. 2월에는 시조묘에 제사 지냈다.

300년(기림 3) 정월, 왜국과 사신을 교환하며 적대 관계를 청산하려는 움직임을 보였다. 2월에는 비열홀(比列忽)에 가서, 나이 많은 사람과 가난한 사람들을 직접 위문하고, 차등을 두어 곡식을 나눠주었다. 3월에는 우두주(牛頭州)에 가서 태백산에 망제(望祭)를 지냈다. 그런데 이때 난데없이 "낙랑과 대방 두 나라가 와서 항복했다"는 내용이 나온다. 그 정확한 의미에 대해서는 논란이 있다.

302년(기림 5) 봄과 여름에 걸쳐 가뭄이 들었다. 이후 재해가 잇달았다.

304년(기림 7) 8월에는 지진이 일어났고, 샘물이 솟았다. 9월에도 수도에 지진이 일어나 민가가 무너지며 죽는 사람까지 생겼다.

307년(기림 10) 나라 이름을 다시 신라(新羅)라 했다. 이는 이전에 나라 이름을 계림으로 고쳤다는 사실과 연계된 듯하다.

310년(기림 13) 5월 기림이 병을 얻어 오랫동안 낫지 않자, 전국의 옥에 갇혀 있는 죄수를 사면했다. 그러나 보람도 없이 다음 달인 6월에 기림이 죽었다.

제16대 흘해이사금

310년(흘해 1), 기림의 뒤를 이은 흘해이사금(訖解尼師今)도 계보가 앞의 왕과 좀 다르다. 흘해는 내해왕의 손자로, 아버지는 왕위에 오르지 못하고 죽은 우로(于老)다. 어머니는 조분왕의 딸 명원부인(命元夫人)이라고 되어 있다. 아버지 우로가 서불한이 되면서 흘해에 대한 기대를 내비쳤다. 흘해의 용모가 뛰어나고, 총명하여 일처리에 출중한 점을 보고 제후에게 "이 아이가 우리 집안을 일으킬 것"이라 했다. 기림이 아들이 없이 죽자 여러 신하들이 "흘해가 어리지만 어른스러운 덕이 있다"며 그를 왕으로 추대했다.

311년(흘해 2) 정월, 급리(急利)를 아찬으로 삼아 중요한 정사와 전국의 군사 업무를 맡겼다. 2월에는 몸소 시조묘에 나아가 제사를 지냈다.

312년(흘해 3) 3월 왜국 왕이 사신을 보내 자기 아들의 혼인을 요청해 왔다. 신라 측에서는 아찬 급리(急利)의 딸을 시집보냈다. 이 조치가 나중에 왜와 분쟁을 일으키는 계기가 되었다. 아찬은 신라의 관등 중에서 6두품들도 임명될 수 있는 지위다. 이후 급리가 출세했다고 하지만, 왜에서는 신라 왕실과의 사돈관계를 원했던 것이지 장래성 있는 신라 귀족과의 혼사를 요구한 것은 아니었던 듯하다.

313년(흘해 4) 7월에 가뭄이 들면서 메뚜기 떼의 피해를 보았다. 이 여파로 백성이 굶주리자, 흘해는 사자(使者)를 파견하여 진휼에 나섰다.

314년(흘해 5) 정월, 아찬 급리를 이찬으로 승진시켰다. 2월에는 궁궐을 수리하다가 가뭄이 들면서 나라 사정이 나빠지자 중지했다.

317년(흘해 8)에도 봄과 여름에 걸쳐 가뭄이 들었다. 흘해는 몸소 죄수의 사정을 살펴 많은 사람을 풀어주었다.

318년(흘해 9) 2월, 백성의 농사를 방해하는 사업을 벌이지 말라는 영(令)을 내렸다. "지난번 가뭄 때문에 농사가 순조롭지 않았는데, 지금은 좋은 상황에서 농사가 시작되었으니 백성을 수고롭게 하는 일은 중지하라"는 내용이었다.

330년(흘해 21) 처음으로 둑의 길이가 1,800보가 되는 벽골지(碧骨池)를 만들었다. 가뭄에 대비한 대책이라 할 수 있다.

337년(흘해 28) 2월, 백제에 사신을 보냈다. 이후 두 번의 기상이변이 나타났다. 3월에는 우박이, 여름으로 접어드는 음력 4월에 서리가 내렸던 것이다.

344년(흘해 35) 2월에는 왜국에서 또 혼인을 요청하는 사신을 보내왔다. 몇 년 전 급리(急利)의 딸을 시집보냈음에도 또다시 혼인을 요청해 온 것이다. 정황으로 미루어 보면, 시집온 여자의 실체를 깨닫고 이번에는 신라 공주를 시집보내 달라고 요청한 듯하다. 그러나 신라 측에서는 공주가 이미 시집갔다는 이유를 대며 왜의 요청을 거부해버렸다. 이 일이 있은 후인 4월, 폭풍이 불어 와 궁궐 남쪽의 큰 나무가 뽑혔다.

345년(흘해 36) 정월, 강세(康世)를 이벌찬으로 삼았다. 그리고 다음 달인 2월에 왜왕이 국교를 끊겠다는 국서를 보내왔다. 자신들이 요청한 혼인을 거부당한 데 대한 조치라 할수 있다. 그 후유증은 다음 해에 터졌다.

346년(흘해 37) 왜의 군사가 갑자기 풍도(風島)를 침략해와, 변방의 민가를 노략질한 것이다. 그리고 금성까지 포위 공격을 감행했다. 흘해는 군대를 동원하여 반격하고자 하였으나, 이벌찬 강세(康世)가 말렸다. "적의 예봉을 당해내기 어려우니, 늦추었다가 적의 피로가 쌓일 때를 기다리는 것이 낫다"는 주장이었다. 그 전략에 동의한 흘해는 농성에 치중했다. 그러다가 식량이 떨어진 왜병이 철수하려는 움직임을 보이자, 강세가 지휘하는 기병을 보내 추격하여 쫓아버렸다.

이후에는 이변과 재해 기록이 이어졌다. 348년(흘해 39) 궁궐의 우물물이 갑자기 넘치는 이변이 일어났다. 그리고 350년(흘해 41) 3월, 황새가 월성 귀퉁이에 집을 지었다. 4월에는 큰 비가 열흘 동안이나 내려, 평지에 물이 서너 자나 차올랐다. 이 때문에 관청과 민가가 물에 잠기거나 떠내려갔으며, 산 13곳이 무너졌다. 그리고 356년(흘해 47) 4월에 왕이 죽었다.

『일본서기』에 나타난 진구황후의 삼한 정벌

정확한 시점을 잡을 수 없지만, 이즈음의 『일본서기』에 신라와 관련된 진구[신공神功]황후의 이야기가 나온다. 남편이 죽자, 진구황후는 그가 신의 가르침을 따르지 않다가 일찍 죽은 것을 슬퍼했다. 그녀는 남편의 죽음을 통해 벌을 내리는 신의 존재 깨달았다는 것이다. 그래서 뜬금없이 신라를 뜻하는 '재보(財寶)의 나라'를 얻고자 했단다. 신의 존재를 깨달은 것이 신라를 얻고자 하는 것과 무슨 관계가 있는 지에 대해서는 전혀 설명도 없이, 그녀는 군신과 백관들에게 죄를 빌고 잘못을 뉘우치도록 명했다. 그리고 오야마다노무라[소산전읍小山田邑]에 재궁(齋宮: 지방地方의 문묘文廟)을 짓도록 했다.

이후 일본 내부의 일을 처리한 다음인 4월 3일에 북쪽의 히노미치노쿠치노쿠니[화전국火前國] 마쓰라노아가타[송포현松浦縣]에 이르러 다마시마노사토[옥도리玉嶋里]의 작은 냇가 옆에서 신에게 음식을 올리며 점을 쳤다. 낚시 바늘을 만들어 던지며 "서쪽의 재물 많은 나라를 얻고자 하는데, 뜻이 이루어질 것이라면 물고기가 낚시 바늘을 물게 해달라"고 빌었다는 것이다. 그 낚싯대에 비늘이 자잘한 고기(은어)가 잡혔다. 이렇게 신의 가르침을 체험한 황후는 다시 하늘과 땅의 신에게 제사 지내고 몸소 서쪽을 치고자 했다 그래서 신전(神田: 신에게 제사 지내는 비용을 마련하기 위한 밭)을 정해 이를 경작시켰다.

그렇게 하고도 또 점을 쳤다. 가시히노우라[강일포橿日浦]로 돌아간 진구황후는, 바닷가에서 머리를 풀고 "몸소 서쪽을 치고자 지금 머리를 바닷물로 씻는데, 영험이 있다면 머리카락이 저절로 양쪽으로 나뉘도록 해달라"고 했다. 이 역시 이루어지자, 황후는 나뉘어진 머리카락을 묶어 남자처럼 상투를 틀었다. 그리고는 신하들에게 "지금 군대를 일으켜 정벌을 감행하는 큰일을 치르려 하는데, 뜻을 이루면 여러 신하들이 함께 공을 나눌 것이요, 잘못되면 혼자 책임지겠다"고 했단다. 신하들은, '천하를 위해 종묘사직을 안정시키려는 황후가 신하에게 책임이 돌아가지 않도록 배려까지 해주는 것에 감사하며' 명령을 받들었다 한다.

그래서 9월 10일, 여러 나라[국國]에 배를 모으고 군사를 훈련시키라는 명령을 내렸다. 그런데 명령을 내렸음에도 군사들이 잘 모이지 않았다고 한다. 그러자 황후는 '신의 마음 때문일 것'이라며 오미와노야시로[대삼륜사大三輪社]를 세우고 칼과 창을 바쳤다. 그랬더니 사람[군중軍衆]들이 저절로 모였단다.

이러고 나서 아헤[오옹吾瓮]의 바다사람[해인海人] 오마로[오마려鳥摩呂]에게 서해로 나가 나라가 있는지 살펴보라는 명령을 내렸다. 있는지 없는지도 모를 나라를 정벌하자고, 온갖 무모함을 무릅썼다는 얘기가 되겠다. 어쨌든 그가 돌아와서 "나라는 보이지 않았다"고 답했음에도, 진구황후는 또다시 시카[기록磯鹿]의 바닷사람 나구사[명초名草]를 보내어 살펴보게 했다. 그랬더니 그는 며칠 뒤 돌아와 "서북쪽에 있는 산에 구름이 띠처럼 두르고 있었다. 나라가 있는 듯하다"는 보고를 올렸다.

이렇게 '있을 것 같다'는 서쪽의 나라를 정벌하자고 길일을 점쳐보니, 며칠 후 출발하라는 점괘가 나왔다. 그러자 황후는 친히 지휘용 도끼[부월斧鉞]를 잡고 휘하 부대에 뻔한 훈시를 했다. "부대에 절도가 없으면 병사들이 정돈되지 않는다. 욕심을 내고 가족 생각이나 하고 있으면 포로가 될 것이다. 적의 수가 적어도 방심하지 말고, 적이 강해도 굴복해서는 안 된다. 부녀자를 강제로 범한 자는 용서하지 말고, 스스로 항복해 오는 자는 죽이지 말라. 이기면 상을 받을 것이요, 도망하는 자는 죄를 받을 것이다"라는 내용이다.

얼마 후 신(神)도 "신의 가호[화혼和魂: 니키미타마(이기미다마珥岐瀰多摩)]로 왕의 목숨을 지켜줄 것이고, 신의 진노[황혼荒魂: 아라미타마(아라미다마阿邏瀰多摩)]는 선봉이 되어 군선을 인도할 것이다"라는 계시를 내려주었다. 황후는 이에 답례하고, 요사미노아비코오타루미[의망오언남수견依網吾彦男垂見]를 신(神)에게 제사 지내는 주재자로 삼았다. 이때 마침 황후가 산달이었다. 중요한 정복 사업을 앞두고 아이를 낳을 수 없다고 생각한 황후가 돌을 들어 허리에 차고 "일이 끝나고 돌아오는 날, 이 땅에서 태어나소서"라고 빌었다고 한다. 그리고 그 돌이 "지금도 이토노아가타[이도현伊覩縣]의 길가에 있다"고 기록해놓았다.

그러고 나서 신의 가호와 진노를 앞세워, 이해 10월 3일

와니노쓰[화이진和珥津]에서 군대를 출발시켰다. 이때 풍신(風神)이 바람을 일으켜주고, 해신(海神)은 파도를 쳐주었다. 바닷속의 큰 고기들도 모두 떠올라 배를 떠받쳤다. 이런 도움 덕분에 노를 저을 필요도 없이 곧 신라에 이르렀다. 그리고 신라까지 배를 밀어준 파도가 육지 깊숙이까지 밀려갔다. 이런 일을 겪으면서 하늘과 땅의 신이 도와주는 것을 알았단다.

이런 사태에 직면한 신라 왕은 전전긍긍하며 사람을 불러 모아 "신라가 세워진 이래 바닷물이 나라 안까지 들어온 일은 아직 없었는데, 이런 일이 일어나는 것은 보니 천운이 다해 나라가 바다로 변하는 것이 아닌가?"라고 걱정했다. 그 말이 끝나기도 전에 황후의 군대가 나타났고, 이 광경을 멀리서 바라보던 신라 왕은 싸울 의지를 잃었다. 그래서 정신을 차리고 "일본이라는 신의 나라[신국神國]에 천황(天皇)이라는 성스러운 왕(聖王)이 있다고 한다. 지금 온 군대는 그 나라의 신병(神兵)일 테니 감히 저항할 수 있겠는가"라며 백기를 들어 항복했단다.

이에 그치지 않고, 흰 줄을 목에 드리운 채 두 손을 뒤로 묶어 복속의 뜻을 보였다. 그리고 지도와 호적[도적圖籍]을 바치고 황후가 탄 배 앞에서 머리를 조아리고 항복했다. 그러고는 "앞으로는 우마카히베[사부飼部]가 되어, 바다를 사이에 두고 멀리 떨어져 있다는 것을 꺼리지 않고 계절마다 조

(調)를 바치겠다"고 했다. 그리고 거듭 "해가 서쪽에서 떠오르고 아리나례하(阿利那禮河)가 역류하고 강의 돌이 하늘에 올라가 별이 되는 일이 없는 한 계절마다 조공을 거르거나 태만하지 않겠으며, 그리하면 하늘의 벌을 받겠다"고 맹세했단다.

그렇게 했음에도 누군가가 "신라 왕을 죽이라"고 했다. 그러자 황후는 "항복해 오는 자는 죽이지 말라고 한 바 있고, 이미 재물 많은 나라[재국財國]를 얻었는데도 죽이는 것은 상서롭지 못하다"라며 결박을 풀어 우마카히베 일을 맡겼다. 그리고는 신라의 중요한 보물[중보重寶]이 있는 곳간을 봉인하고 지도와 호적을 거두어 갔다. 그러면서 황후가 가지고 있던 창을 신라 왕궁 문에 세우고 후세를 위한 표시로 삼았다. 그 창이 "지금도 신라의 왕문 앞에 세워져 있다"고 기록해놓았다. 그리고 신라 왕 파사매금(波沙寐錦)은 복속한 즉시 미질기지파진간기(微叱己知波珍干岐)를 인질로 삼아 80척의 배에 실어야 할 만큼의 막대한 공물과 함께 일본으로 보냈다. 이후 신라 왕이 80척의 조공선을 일본에 바치는 관례가 생겼다고 적어놓았다.

물론 현재까지 진구황후가 신라 왕궁 앞에 세워놓았다고 한 창 같은 것이 발견되었다는 말은 없다. 또 『일본서기』 이외에는 이를 시사하는 어떠한 기록도 없다. 어쨌든 『일본서기』의 이야기는 신라 정복에서 끝나지 않고 이어진다. 신라가 왜에 복속했다는 사실이 알려지자 고구려와 백제 두 나라 왕은 몰래 황후가 거느리고 온 군세를 엿보게 했다 한다. 그 결과 도저히 이길 수 없다는 것을 알고는 제 발로 찾아와 머리를 조아리며 "앞으로는 서번(西蕃)이라 일컫고 조공을 그치지 않겠다"라 했다는 것이다. 이렇게 복속한 고구려·백제·신라에 내관가(內官家)를 둔 것이 이른바 삼한(三韓)이란다.

진구황후의 신라 정책?

이렇게 신라를 복속시킨 진구황후는, 왜로 돌아온 12월 14일 호무타노스메라미코토[예전천황譽田天皇]를 쓰쿠시[축자筑紫]에서 낳았다. 그래서 사람들은 그곳을 우미(宇瀰)라고 부른단다. 이래 놓고 『일본서기』에서는 출처가 불분명한 '어떤 책'에 나와 있는 내용을 또 소개했다.

진구황후의 남편인 다라시나카쓰히코노스메라미코토(족중언천황足仲彦天皇)가 쓰쿠시에 있을 때, 신(神)이 빙의하여 나타나, 그에게 "보배의 나라를 얻고자 한다면 주겠다"고 했다는 것이다. 그러면서 "거문고[금琴]를 황후에게 드려라"고 말했다. 그 말에 따라 거문고를 타던 황후가 신에게 빙의되어 "현재 천황이 바라는 나라는 녹각처럼 실속이 없는 나라다. 지금 천황이 타는 배와 아나타노아타히호무타치[혈호직천립穴戶直踐立]가 바친 수전(水田)을 폐백하여 내게 제사 지내면 미녀의 눈썹처럼 금·은이 많은 나라를 천황에게 주겠다"는 말을 늘어놓았다. 그러나 천황은 "아무리 신이라도 어찌하여 속이려 드는가. 어디에 있는지도 모르는 나라를 얻고자, 짐이 탄 배를 신에게 바치면 짐은 어느 배를 탈 것인가. 어떤 신인지도 모르니 이름부터 알려 달라"고 요구했다. 신이 이름을 밝혔지만, 천황은 황후가 신을 팔아 자신을 다그친다 생각하고 "듣기 싫은 소리 한다"고 나무랐다. 그러자 빙의한 황후는 천황에게 "이렇게 믿지 못한다면 그 나라를 얻지 못할 것"이라면서도 "지금 황후가 임신하고 있는 왕자는 아마 얻을 수 있을 것"이라 했다 한다. 그리고 그날 밤에 천황은 갑자기 병이 나서 죽었다. 남편이 죽은 후에 황후는 신의 가르침대로 제사를 지낸 다음, 남장을 하고 신라를 쳤다. 그때 신이 인도해주었고 신라 왕 우류조부리지간(宇流助富利智干)이 마중 나와 무릎을 꿇고 "앞으로 일본국에 계시는 신의 아들에게 끊이지 않고 조공하겠다"라며 복속했단다.

그들이 말하는 '어떤 책'에 전하는 또 다른 이야기는 여기서 끝이 아니다. 이 책에는 포로로 잡은 신라 왕을 해변으로 끌고 가서 그의 무릎 뼈를 뽑은 후 돌 위에서 기도록 한 다음 베어서 모래 속에 묻었다고 한다. 그리고 신라를 통제할 한 사람[재상宰相]을 남겨놓고 돌아왔다. 그런데 그 후에 신라 왕의 처가 남편의 시신이 묻혀있는 곳을 찾기 위해, 재상에게 "아내가 되어주고 후하게 보답하겠다"며 그를 유혹했다. 속없이 그 꾐에 넘어간 재상은 몰래 시신이 묻혀 있는 곳을 알려주었다.

그렇게 신라 왕의 시신이 있는 곳을 알아낸 다음 신라 왕비를 필두로 한 신라인[국인國人]들은 재상을 죽여버렸다. 그리고 왕의 시신을 꺼내어 다른 곳에 장사 지내며 재상의 시신을 왕의 관 아래에 묻었다. 그러면서 "존비(尊卑)의 순서는 원래 이래야 한다"고 했다. 천황이 이를 듣고 노하여 신라를 멸망시키려고 군대를 크게 일으켰다. 그리하여 왜군이 다시 쳐들어오자 두려워진 신라 사람들이 결국 왕비를 죽이고 사죄하였단다.

그리고 몇 년 후 기록에 어딘가 익숙한 이야기가 이어진다. 일반적인 기년 조정을 통해 325년으로 설정되는 진구황후 5년 3월 7일에 신라 왕이 오례사벌(汙禮斯伐), 모마리질지(毛麻利叱智), 부라모지(富羅母智) 등을 보내 조공했다 한다. 그런데 신라 왕은 이렇게 조공을 하면서 이전에 인질로 보냈던 미질허지벌한(微叱許智伐旱)을 데려 오려고, 미질허지벌한에게 거짓말하도록 시켰다. "이번에 사신으로 온 사람들이, 내가 돌아가지 않아 왕이 내 가족들을 노비로 삼았다"고 했다는 것이다. "그러니 잠시 본국에 돌아가서 사실을 알아보고자 한다"고 청했다. 황후가 허락하여 가즈라키노소쓰히코[갈성습진언葛城襲津彦]를 함께 보냈다.

그런데 쓰시마[대마對馬]에 이르러 사히노우미[서해鉏海]의 항구에서 묵을 때 신라 사신 모마리질지 등이 몰래 배와 뱃사공을 빼돌려 미질한기를 태우고 신라로 도망시켰다. 이를 감추기 위해 허수아비를 만들어 미질허지의 침상에 놓고, "미질허지가 갑자기 병에 걸려 죽어간다."고 거짓말을 했다. 가즈라키노소쓰히코가 사람을 보내 문병하다가 속은 것을 깨닫고, 신라 사신 3명을 붙잡아 감옥에 가두었다가 불태워 죽였다. 그리고 도비진(蹈鞴津)에 진을 치고 신라를 공략하여, 초라성(草羅城)을 함락하고 돌아왔단다. 이때 잡아온 신라 포로들을 구와하라[상원桑原], 사비[좌미佐糜], 다카미야[고궁高宮], 오시미[인해忍海] 등 4개 읍(邑)에 나누어 살게 했는데, 이들이 한인(漢人)들의 시조라고 기록해놓았다.

이런 이야기를 읽고 있자면 뭔가 두서가 없다는 느낌을 받아야 정상이다. 우선 기원전부터 한반도와의 교역이 활발했다는 흔적이 뚜렷함에도, 신라가 있는지도 몰랐다는 식의 말부터 황당하다. 또 신라 왕을 살해했다는 어떤 책의 내용은 한 술 더 뜬다. 한 나라의 왕을 잔인하게 살해했을 정도면, 그 나라는 쑥대밭이 되어 망했다고 보아야 한다. 그런데도 왕비는 점령군 수뇌와 타협할 수 있을 정도의 영향력을 가지고 있었단다. 그런 왕비가 작심을 하고 점령군 수뇌를 죽였을 정도로 신라인의 저항의지가 강했는데, 진구황후가 정벌을 온다니까 지레 겁을 먹고 저항의 구심점인 왕비를 죽여 사죄했다는 것이다. 이렇게 왜에 두려움을 가지고 있었음에도 신라인들 기억력이 어류 수준도 아니고, 걸핏하면 응징당한 사실을 잊고 저항에 나섰다는 것이 『일본서기』의 기록이다.

사실 여기 등장하는 신라 쪽 인물들만 보아도 뒤죽박죽이다. 이 시기 『일본서기』 내용이 정확한 시기에 기록되어 있지 않다는 점은 분명하지만, 어떻게 조정해보아도 진구황후와 관계가 있을 수 없는 파사이사금이 복속된 당사자로 나오는 것은 말이 안 된다. 게다가 파사가 인질로 보냈다가 구출해냈다는 미질기지파진간기는 미사흔의 이야기와 비슷하다. 또 잔인하게 죽여 버렸다는 신라 왕 우류조부리지간은 내해이사금의 아들 '우로' 이야기와 유사한 측면이 있다. 왜의 인물인 가즈라키노소쓰히코도 활동 시기가 너무 길어 실존 인물인지조차 의심을 받는다. 미질기지파진간기를 구출해 간 이야기와 우로의 이야기는 거의 200년 차이가 나는 박제상 설화의 판박이다. 이런 이야기가 마구 섞여 있는 기록이 진구황후의 신라 정벌 이야기다. 아직도 이런 기록을 바탕으로 이 시대 역사를 복원하려는 경우가 많다. 이는 사극을 바탕으로 역사를 복원하는 것과 마찬가지라고 보아야 할 듯하다.

제17대 내물이사금

내물의 즉위 그리고 백제·왜와의 갈등

356년(내물 1), 흘해가 아들 없이 죽었기 때문에 왕위에 오른 인물이 내물이사금(奈勿尼師今: 또는 나밀那密)이다. 그는 구도(仇道)갈문왕의 손자이고 말구(末仇) 각간의 아들이라고 되어 있다. 그런데 『삼국사기』에는 "말구와 미추이사금이 형제"라고 했다. 100년가량 앞서 왕위에 오른 인물이 큰아버지 뻘이라는 점이 의문일 수 있으나, 이 역시 극단적으로 혼선을 빚을 수밖에 없는 신라 계보를 감안해야 할 것이다. 어머니가 김씨 휴례부인(休禮夫人)이고, 왕비는 미추왕의 딸이라고 되어 있는 점도 마찬가지다.

『삼국사기』편찬자들도 이렇게 계보의 혼선을 가져올 근친혼에 대해서 사론(史論)을 붙여 비판해놓았다. 비판의 근거로 분별을 위해 같은 성을 가진 아내를 맞이하지 않는다고 강조했다. 그렇기 때문에 노공(魯公)이 오(吳)나라에 장가들고, 진후(晉侯)가 사희(四姬: 성이 같은 네명의 첩)를 취한 행위가 진(陳)의 사패(司敗)와 정(鄭)의 자산(子産)에게 비판받았다는 것이다.

그럼에도 신라에서는 같은 성 뿐만 아니라 형제의 자식과 고종·이종 자매까지도 모두 아내로 맞이하는 풍속이 있었다는 점을 지적했다. 아무리 나라마다 풍속이 다르다고 해도 중국의 예법에 비추어 도리에 크게 어긋난 것이라는 뜻이다. 그래도 "그 어머니와 아들이 상간(相姦)하는 흉노(匈奴)의 풍속은 이보다 더욱 심하다"고 하여 우회적으로 신라에 대한 변명을 해놓았다.

357년(내물 2) 봄에 사자(使者)를 보내 홀아비와 홀어미, 고아와 자식 없는 늙은이를 보살폈다. 이들에게 곡식을 세 섬씩 주고, 효도 등 본받을 만한 행실이 있는 사람에게 직급을 내려주었다.

358년(내물 3) 2월, 다른 신라 왕들보다는 조금 늦게 시조묘에 제사 지냈다. 이때 자주색 구름이 묘당(廟堂) 위에 둥글게 서렸고, 신비스러운 새[신작神雀]들이 시조묘(始祖廟)의 뜰에 모여들었다 한다. 362년(내물 7) 4월에도 기묘한 현상이 일어났다. 시조묘 뜰에 있는 나뭇가지가 다른 나뭇가지와 이어져 하나가 되었다는 것이다.

364년(내물 9) 4월, 왜에서 대규모 침공을 감행했다. 내물은 이 병력과 직접 대결하는 것을 피하는 전략을 폈다. 그래서 옷을 입힌 허수아비 수천 개에 무기를 들려서 토함산 아래에 세워두었다. 그리고 1,000명의 정예 병력을 부현(斧峴)의 동쪽 들판에 숨겨놓았다. 왜군은 숫자를 믿고 진격해 오다가 복병의 기습에 패주했다. 신라 측에서는 이들을 추격하여 거의 다 죽였다. 그리고 『삼국사기』에는 이후 30년 동안 왜의 침공 기록이 나타나지 않는다.

그런데 『일본서기』에는 이다음 해로 보는 365년(내물 10)에는 황당한 이야기가 나온다. 백제 사신과 함께 왜로 온 신라 사신들이 백제의 공물을 가로채고 발설하지 말라고 협박했다는 내용이다. 자세한 내용은 『백제왕조실록』에서 다루었고, 역사적 사실이라고 보기 어렵기에 여기서는 생략한다.

366년(내물 11) 3월, 백제에서 사신을 보내왔다. 이해 4월에 홍수가 나서 산 13곳이 무너지는 일을 겪었다. 그리고 2년 후인 368년(내물 13) 봄에도 백제가 사신과 함께 좋은 말두 필을 보내주었다. 백제 근초고왕이 이렇게 신라와의 화친에 힘을 기울인 것은 바로 다음 해인 369년(내물 14) 왜와 함께 가야 지역을 평정하기 위한 정지 작업으로 보인다. 그러나 이에 대한 기록은 『일본서기』에, 그것도 왜의 활약만 강조한 내용이 나타날 뿐 『삼국사기』에는 나타나지 않는다. 여기에 신라와 관련된 내용도 나오지만, 자세한 내용은 『백제왕조실록』에서 다루었으므로 생략한다.

372년(내물 17) 봄과 여름에 크게 가물었다. 흉년이 들어 백성들이 굶주려 떠돌아다니는 사람이 많았으므로 사자를 보내 창고를 열어 그들을 진휼했다.

373년(내물 18) 백제 독산성(禿山城) 성주가 300명을 이끌고 망명해 오는 사태가 있었다. 내물은 이들을 받아들여 6부에 나누어 살게 했다. 백제 근초고왕이 글을 보내 항의했지만, 내물은 "백성은 줏대가 없다. 그러니 생각나면 오고 잘해주지 않으면 가버린다. 그러니 대왕께서 백성을 불편하게 한 점은 걱정하지 않고, 도리어 과인을 나무라는 것은 심하지 않은가?"라는 식으로 퉁명스럽게 반응하고는 근초고왕의 요구를 거부해버렸다.

그만큼 내물이 백제에 반감을 가지고 있었음이 나타난 듯하다. 근초고왕 때 백제가 자국 중심의 동맹체를 만들 때, 신라는 백제와 화친을 맺기는 했을 뿐 여기에 가담한 것은 아니었다. 결국 신라는 본국에 눌려 있던 가야가 백제 세력권으로 흡수되는 꼴을 지켜보고만 있었을 뿐, 잃어버린 기득권에 대해서는 아무것도 보상받지 못했다. 신라의 입장에서는 국제적으로 고립될 수 있다는 위협까지 느꼈을 것이다.

이는 신라가 고구려에 접근하는 계기로 작용했다. 『삼국사기』 신라 기록에는 나타나지 않지만, 중국 측 기록에는 377년(내물왕 22) 신라 사신을 전진(前秦)에 데려가 소개해주었다고 한다. 결국 독산성주의 백제 망명사건과 신라의 고구려 접근은, 자신의 앞마당인 가야를 백제에 잠식당한 신라가 어떤 방향으로 움직이고 있었는지 보여주는 사례라 할 수 있을 것이다.

신라의 이러한 움직임은 당시 국제정세가 고구려와 백제를 축으로 짜이는 계기가 되었다. 근초고왕이 백제를 한 축의 중심으로 하여 가야와 왜를 엮는 동맹체를 만들어놓았다면, 반대쪽에서는 고구려와 신라가 연결되는 동맹체가 형성된 셈이다. 즉 신라가 고구려에 접근하면서, 고구려-신라 동맹과 백제-가야-왜 동맹이 대립하는 구도로 형성되어갔다고 할 수 있다.

이 일이 있고 난 다음인 5월에, 수도에 물고기가 비에 섞여 떨어지는 일이 있었다 한다. 그리고 당분간은 이러한 종류의 기록이 이어진다. 376년(내물 21) 7월에 부사군(夫沙郡)에서 뿔이 하나 달린 사슴을 바쳤다. 이후 크게 풍년이 들었다.

379년(내물 24) 4월에는 양산(楊山)에서 작은 참새가 큰 새를 낳는 일이 있었다. 그런데 이다음부터는 불길한 일이 일어났다. 2년 후인 381년(내물 26) 봄·여름에 걸쳐 가뭄이 든 것이다. 이 여파로 흉년이 들어 백성들이 굶주렸다.

요동치는 내물왕 대의 국제 관계

흉년이 들었음에도 이해에 위두(衛頭)를 부(苻)씨의 진(秦), 즉 전진(前秦)에 보내 토산물을 바쳤다. 그때 유명한 전진의 통치자 부견(苻堅)이 위두에게 "경(卿)이 말하는 해동(海東)의 일이 옛날과 같지 않으니 어찌된 것인가?"라고 물었다. 그러자 위두는 "중국도 시대가 달라지며 바뀐 것이 많은데, 해동(海東)이라고 달라지지 않을 수 있겠는가?"라고 대답했다.

그리고 『일본서기』에는 382년(내물 27)이라고 보는 진구황후 62년에 또다시 황당한 내용이 나타난다. 이해에 신라가 조공해 오지 않았기 때문에, 가즈라키노소쓰히코를 파견하여 신라를 치게 했다 한다. 이 기록을 남기면서 무슨 마음을 먹었는지, 백제 역사서인 『백제기』를 인용하고 있다.

물론 『백제기』에 정말 이렇게 적혀 있는지는 의문이지만, 내용은 대충 이렇다. 이해에 신라가 귀한 나라인 왜를 받들지 않아, 왜에서 사치히코[사지비궤沙至比跪]를 보내 정벌을 감행했다. 그러자 신라 측에서는 미녀 두 명을 단장시켜서, 정벌하러 온 사치히코를 맞이하여 유혹했단다. 미녀에 넘어간 사치히코는 정벌하라는 신라가 아니라 가라국을 쳤다. 그 바람에 애꿎게 정벌당한 가라국의 왕 기본한기(己本旱岐)와 아들 백구저(百久氐), 아수지(阿首至), 국사리(國沙利), 이라마주(伊羅麻酒), 이문지(爾汶至) 등은 그 백성을 데리고 백제로 도망갔다. 백제는 이들을 받아들여 잘 대우해주었다.

사태가 이리 되자 가라국 왕의 누이인 기전지(旣殿至)가 왜로 가서, "천황이 신라를 치라고 사치히코를 보냈는데, 신라 미녀에 넘어간 그가 신라를 치지 않고 우리나라를 멸망시키는 바람에 우리 형제와 백성 모두가 떠도는 신세가 되니 이렇게 와서 아뢴다"고 하소연했다 한다. 이 말을 들은 천황이 매우 노하여 목라근자를 보내 가라의 사직(社稷)을 복구시키라는 명령을 내렸다.

그리고 『일본서기』에 출처가 불분명한 '어떤 책' 인용이 또 이어진다. 사고를 친 사치히코는 당당하게 귀국할 수 없어 몰래 돌아왔다. 마침 그 누이동생이 황궁에서 일하고 있어, 은밀히 사람을 보내어 천황의 노여움이 풀렸는지 알아보게 했다. 그러자 누이동생은 천황에게 "어젯밤 꿈에서 사치히코를 보았다"라고 떠 보았다. 이 말을 들은 천황이 "어떻게 사치히코가 감히 돌아올 수 있는가"라며 몹시 화를 냈다. 누이동생이 이 말을 전하자 용서받지 못할 것을 알게 된 사치히코는 석굴에 들어가 죽었다고 한다.

이 기록은 다른 나라를 정벌하러 간 장군이, 그저 미녀 두 명에 넘어가 엉뚱한 나라를 정벌했다는 내용으로 시작하는 것부터 황당하다. 이렇게 도대체 무엇을 근거로『백제기』를 팔아 이렇게 엮어놓았는지 알다가도 모를 일이다. 이 내용이 일본 최초의 정사(正史)라는『일본서기』의 기록이다.

이런 내용과 상관없이 비슷한 시기 신라에는 재해가 잇달 았다. 388년(내물 33) 4월, 수도에 지진이 일어났고, 6월에도 반복되었다. 그리고 겨울에 얼음이 얼지 않는 이상 난동 현 상이 있었다. 389년(내물 34) 정월에는 수도에 전염병이 크게 번졌다. 2월에는 흙이 비처럼 내렸다. 7월에 메뚜기 떼의 피 해를 입어 곡식이 제대로 여물지 않았다.

그리고 392년(내물 37)부터 국제 정세가 요동쳤다. 그 계 기는 이해 정월 고구려에서 사신을 보내온 데서 시작되었다. 내물은 강력한 고구려를 의식하여 이찬 대서지(大西知)의 아 들 실성(實聖)을 볼모로 보냈다. 이는 여러 가지 요소를 고려 한 것이었으나, 이후 파란을 일으키는 불씨 역할을 했다.

당장 다음 해인 393년(내물 38) 5월, 왜에서 쳐들어와 5일 동안 금성(金城)을 에워싸고 풀지 않았다. 장수와 병사들 사이에서는 나가 싸워보자는 목소리가 높았으나, 내물이 말렸다. "지금 적들이 배를 버리고 위험을 무릅쓰고 육지 깊숙이 들어와 있으니, 그 예봉을 의식해야 한다"는 논리였다. 그는 성문을 닫고 농성하는 전략으로 대응했다. 결국 날카로운 공략을 하지 못한 왜병이 아무 성과 없이 물러갈 때에 맞추어, 신라 측에서는 정예 기병 200명을 먼저 보내 돌아가는 길을 막아놓았다. 그리고 보병 1,000명으로 독산(獨山)까지 추격하여 먼저 대기하고 있던 기병과 협공을 감행했다. 이 전략이 대성공을 거두어, 왜병은 많은 전사자와 포로가 속출했다.

신라가 이때 왜의 침공을 비교적 쉽게 격퇴했지만, 그 의미는 작지 않은 듯하다. 무엇보다도 왜가 침략해 온 시점이 우연으로 보이지 않는다. 하필 실성이 고구려에 인질로 간 바로 다음 해에 왜의 신라 침공이 감행된 것이다. 364년(내물 9) 이후부터 392년(내물 37)까지는, 신뢰할만한 기록에 왜의 신라 침공이 나타나지 않았던 점을 감안하면, 이 시점은 의미심장하다. 신라와 왜 사이에 무슨 문제가 있었다는 기록이 없는 상태다. 그런데도 왜가 신라를 침공한 이유는 단순히 자신의 입장 때문이라고 보기는 어려울 것 같다.

그래서 왜와 동맹으로 묶여 있는 백제까지 의식하여 살펴보아야 한다는 것이다. 사실 백제의 입장에서는 신라의 인질이 고구려로 가 두 나라가 접근하는 사태를 지켜보기만 할 수 없었을 것이다. 어떠한 식으로든 신라를 응징하지 않으면, 백제의 최대 위협인 고구려가 신라에 협조해도 그만이라는 메시지로 작용할 수 있기 때문이다. 그렇다고 해서 백제가 직접 신라를 응징하기에는 무리였다. 광개토왕이 즉위한 이후 고구려-백제는 4, 5년 동안 한해도 무사히 넘어가지 않고 전쟁을 치렀다. 이러한 상황에서 나날이 불리해지는 고구려 전선의 상황을 외면하고 신라를 응징할 병력까지 염출해 내기는 무리였다. 그래서 신라 응징에 왜군이 동원된 듯하다.

이러한 맥락에서 이해에 30년 동안 중단되어 있는 왜의 신라 침공이 재개된 원인은 이렇게 정리될 수 있다. 즉 백제 중심으로 가야와 왜를 엮는 일종의 집단 안보 체제가 형성되어 있던 상황에서, 백제는 고구려에 접근하는 신라를 응징할 필요가 있었다. 그렇지만 매년 고구려와의 전쟁에 시달리는 백제가 직접 신라를 응징하기는 어려웠다. 그래서 집단 안보 체제에 묶여 있던 왜의 군대를 동원했다. 즉 왜는 자국의 이권 때문이 아니라, 이 집단 안보 체제의 전략을 실행하는 일원으로서 신라를 견제하는 역할을 맡았다는 뜻이다. 이 때문에 왜가 쉽게 격퇴된 후에도 신라는 왜의 침공에 시달려야 했다. 『삼국사기』에는 그 양상이 기록되어 있지 않지만, 광개토왕비에 나타난다.

395년(내물 40) 8월에는 말갈이 북쪽 변경을 침범해 왔다.

신라 측에서는 실직(悉直)의 들판에서 반격하여 대파했다.

397년(내물 42) 7월에는 또다시 재해가 생겼다. 북쪽 변방 하슬라(何瑟羅)에 가뭄이 들고 메뚜기 떼 피해로 흉년이 들어 백성들이 굶주렸던 것이다. 그러자 내물은 죄수를 살펴서 사면[곡사曲赦]하고 1년 치 세금을 면제해주었다.

그렇지만 이후에도 재해와 이변이 잇달았다. 399년(내물 44) 7월에도 메뚜기 떼가 날아와 들판을 덮었다. 그리고 다음 해인 400년(내물 45) 8월에는 살별이 동쪽에 나타났고, 10월에는 왕이 탔던 내구마(內廏馬)가 무릎을 꿇고 눈물을 흘리며 슬피 우는 일이 있었다. 이것이 무엇에 대한 상징인지 확실하지 않지만, 시사되는 사건은 있다. 바로 이해에 고구려 광개토왕이 5만이라는 병력을 보내, 신라를 침공해 온 왜군을 격퇴함과 동시에 이들을 추격하여 임나가라까지 정복해 버린 것이다.

물론 이 내용은 「신라본기」에는 나타나지 않는다. 다음 해인 401년(내물 46)에도 "봄과 여름에 걸쳐 가물었다"는 기록만 보인다. 그리고 이해 7월, 고구려에 볼모로 가 있던 실성(實聖)이 돌아왔다. 그런데 바로 다음 해인 402년(내물 47) 2월에 내물이 죽었다.

제18대 실성이사금

402년(실성 1), 내물의 뒤를 이은 실성이사금(實聖尼師今)은 좀 특이한 입장에 있던 인물이다. 그는 내물의 직계가 아니라 알지(閼智)의 후손인 이찬 대서지(大西知)의 아들이다. 어머니는 아간(阿干) 석등보(昔登保)의 딸인 이리부인(伊利夫人: 이伊를 기企로도 썼다)이고, 왕비는 미추왕의 딸이다. 실성(實聖) 자신은 키가 일곱 자 다섯 치에 이르는 장신이며, 사리에 밝아 앞일을 멀리 내다보는 식견이 있었다.

그가 즉위한 이유는 내물왕이 죽었을 때, 그 아들이 아직 어렸다는 것이었다. 하지만 내막을 보면 좀 더 복잡한 이유가 있었던 듯하다. 이는 즉위한 뒤 취한 조치에서 드러난다.

그가 즉위한 402년(실성 1) 3월 왜와 우호 관계를 맺으면서, 내물왕의 아들 미사흔(未斯欣)을 볼모로 보내버린 것이다. 내물이 자신을 볼모로 보낸 데 대한 보복이었던 이 조치가 이후 많은 파란을 불러왔다.

실성이 이런 조치를 취하게 된 배경은 기본적으로 고구려의 간섭에서 벗어나기 위해서라고 할 수 있다. 그러자면 다른 세력의 압력에서 오는 부담을 덜어야 한다. 이를 위해서는 그동안의 적대 관계를 청산하는 것이 선결 과제인데, 고구려의 압력을 받고 있던 백제나 임나가라 정벌로 인해 붕괴상태로 들어간 임나에게서 받는 부담이 컸을 리는 없다. 따라서 왜로 보낸 인질은 상대적으로 타격을 덜 받은 왜와의 분쟁을 종식시키려는 의도로 보인다. 이렇게 보면 실성의 계산은 외교를 통해 국제관계의 안정을 도모하고, 이를 기반으로 내부를 정비하여 고구려의 세력권에서 벗어날 수 있는 여건을 조성해보자는 것으로 보인다.

403년(실성 2) 정월, 미사품(未斯品)을 서불한으로 삼아 군사 업무와 국정을 맡겼다. 그런데 이해 7월에 백제가 변경을 침범해 왔다. 이 사건의 배경에 대해서 역시 백제를 다루면서 설명한 바 있기에 여기서는 생략한다.

404년(실성 3) 2월, 다른 왕들이 즉위한 해나 다음 해에 했던 것에 비해서는 좀 늦게 시조묘를 찾았다.

405년(실성 4) 4월, 왜군이 명활성(明活城)을 공격해 왔다. 이 공략은 성공하지 못했고, 오히려 300여 명이 죽거나 포로가 되는 피해만 보았다. 실성이 기병을 이끌고 독산(獨山)의 남쪽 길목에서 기다리고 있다가, 두 번 전투를 벌여 전과를 거둔 것이다. 이렇게 왜의 침공 자체는 쉽게 격퇴했지만, 외교적인 타격은 적지 않았다. 즉위한 해 미사흔을 인질로 보낼 때 맺었던 왜와의 우호가 깨졌다는 뜻이다.

406년(실성 5)의 『삼국사기』에는 재해와 이상 현상만 기록되어 있다. 7월, 나라 서쪽에 메뚜기 떼가 곡식을 해쳤고, 10월에는 수도에 지진이 일어났다. 11월에는 얼음이 얼지 않는 이상 난동 현상이 나타났다.

그런데 『일본서기』에는 이해 8월에 또 황당한 이야기를 기록해놓았다. 402년경 백제의 "궁월군(弓月君)이 120현(縣)의 인부를 이끌고 왜로 귀화하려 하였는데, 신라인이 방해하여 모두 가라국에 머물고 있다"는 보고가 천황에게 올라왔단다. 그래서 천황은 가즈라키노소쓰히코[갈성습진언葛城襲津彦]에게 가라에서 그들을 데리고 오라는 임무를 주어 보냈다. 그러나 가즈라키노소쓰히코마저 3년이 지나도 돌아오지 않았다. 그래서 이해에 헤구리노쓰쿠노스쿠네[평군목도숙녜平群木菟宿禰]와 이쿠하노토다노스쿠네[적호전숙녜的戸田宿禰]에게 정예병력을 주어 가라(加羅)에 보냈다. 신라의 방해 때문에 가라에 머물고 있을 가즈라키노소쓰히코 등을 데려오라는 임무를 준 것이다. 이 병력이 신라의 국경에 이르자, 신라왕이 놀라 사죄하였고, 궁월군이 거느린 인부와 가즈라키노소쓰히코까지 돌아올 수 있었다 한다.

이 내용과 대비되는 것이 407년(실성 6)의 『삼국사기』 기록이다. 이해 3월 왜인이 동쪽 변경을, 6월에는 남쪽 변경을 침범하여 100명을 약탈해 갔다는 간단한 내용만 남아 있는 것이다. 『일본서기』에는 이런 상황을 자기 좋을 대로 윤색하여 기록해놓은 듯하다.

408년(실성 7) 2월, 왜의 침략에 시달리던 실성에게, 왜인이 대마도(對馬島)에 무기와 군량을 쌓아두고서 또 침공해오려 한다는 정보가 전달되었다. 실성은 왜가 공격해 오기 전에 신라 측에서 먼저 정예 군사를 동원하여 선제 공격하자는 계획을 세우려 했다. 그러나 서불한 미사품은 반대였다. 그는 "무기는 흉한 도구고 싸움은 위험한 일이다"라며 "만에 하나 이기지 못하면 후회해도 돌이킬 수 없으니, 험한 곳에 의지하여 관문을 설치하고 막아서 쳐들어오지 못하게 하다가 유리할 때 반격하느니만 못하다"고 기존 전술의 고수를 주장했다. 실성은 그 말에 따라 대마도 공격 계획을 포기했다. 신라는 다시 공격해 오는 왜병을 격파하는 데 주력하는 자세로 돌아갔다.

왜와의 관계가 악화되고 난 후인 412년(실성 11), 실성은 내물왕의 아들 복호(卜好)를 고구려에 볼모로 보냈다. 이 배경이 의미심장하다. 402년(실성 1) 실성이 즉위하자마자 미사흔을 왜에 볼모로 보냈던 것은, 왜와의 관계 개선을 통해 그때까지의 국제 관계에 변화를 줘보자는 것이다. 이렇게 변화를 시도해서 신라에 유리한 상황을 만들어보자는 것이었다. 그러나 결과적으로 얻은 것이 없었다. 왜와의 관계 개선은 실패하고 앞뒤 300년 동안 충돌이 없던 백제와도 전쟁을 치렀다. 신라가 왜와의 관계 개선을 시도한 데 대해 고구려가 특별한 반응을 보인 것은 없다. 그렇지만 이전까지 분쟁을 빚었던 세력과의 관계에서 얻은 것이 없었으니, 신라의 입장에서는 불안할 수밖에 없었을 것이다. 이러한 실패는 정권 유지의 불안으로 이어진다. 그래서 내물의 아들 복호를 고구려에 볼모로 보낸 것도 사태를 수습해보려는 의도가 있었던 듯하다.

그리고 다음 해인 413년(실성 12)부터는 본격적으로 국내 정국을 안정시키는 데 주력했다. 8월에 낭산(狼山)에서 누각처럼 생긴 데다가 오랫동안 향기까지 풍기는 구름이 나타나자 "이는 틀림없이 신선이 하늘에서 내려와 노는 것이니 응당 이곳은 복 받은 땅이다"라며 나무 베는 것을 금지했다. 이것은 신선을 내세워 정권의 위상을 높여 보려는 의도가 있었다고 생각된다. 그리고 이해에 평양주(平壤州)에 큰 다리를 새로 만들었다.

다음 해인 415년(실성 14)에도 이런 정책은 계속되었다. 혈성(穴城) 들판에서 군대를 사열하기도 했고, 금성 남문에서 활쏘기 대회를 열어 여기에 참석하기도 했다. 이해 8월에는 풍도(風島)에 쳐들어 온 왜병을 격퇴했다.

실성이 죽기 바로 전해인 416년(실성 15)에도 신비한 일이 일어났다는 기록이 있다. 3월에는 동해 바닷가에서 수레에 가득 찰 정도로 큰 데다가 뿔까지 달린 물고기를 잡았다 했고, 5월에는 토함산이 무너지고 3길 높이의 샘물이 솟았다 한다. 하지만 정국의 안정이라는 측면에서는 별다른 효과가 없었다. 다음 해인 417년(실성 16) 5월, 실성이 죽은 것이다. 실성이 제거된 배경과 과정에 대해서는 눌지의 등극과 관련되어 자세하게 나온다.

제19대 눌지마립간

정변을 통한 집권

417년(눌지 1), 눌지의 즉위는 이전에 있었던 왕의 교체와는 많이 달랐다. 앞서 일어났던 교체 과정에서 정변이 시사되는 경우는 있었지만, 실성에서 눌지로 교체되는 과정처럼 구체적인 양상이 나타난 경우는 없었다. 정변의 원인은 392년(내물 37)에 실성이 고구려에 볼모로 보내진 상황으로 거슬러 올라간다.

실성은 기본적으로 고구려의 요구로 볼모가 되었지만, 그가 선택된 이유는 신라 내부의 권력 투쟁 때문이라고 보아야 할 것이다. 『삼국사기』에 "실성이 돌아와 왕이 되자, 내물 왕이 자기를 볼모로 보낸 데 대해 그 아들을 해쳐 원한을 갚으려고 했다"는 구절이 나오기 때문이다. 이로 보아 차기 대권 주자로 유력했던 실성은 내물과 정치적으로 다른 계열이었고, 내물의 입장에서는 눈의 가시였던 듯하다. 그러한 실성을 고구려에 보내버리면 고구려에는 비중 있는 인질을 보낸다는 명분이 서고, 자신의 입장에서는 언제 무슨 일을 당할지 모르는 나라로 정적(政敵)을 보내는 일석이조의 효과가 생기는 셈이다.

그러나 이런 조치가 후유증을 남기지 않을 수 없었다. 실성이 즉위한 뒤 내물의 아들인 눌지와 미사흔을 각기 고구려와 왜에 인질로 보내 버린 것은 이에 대한 보복 조치였다. 내물왕의 또 다른 아들 복호(卜好)를 고구려에 인질로 보낸 것도 마찬가지다. 문제는 이들이 돌아오면 같은 보복이 되풀이 될 수 있다는 점이다.

눌지가 돌아올 때쯤 되자, 실성은 보복이 있을 것이라는 불안감을 떨치지 못했다. 그래서 실성은 고구려에 가 있을 때 알아놓았던 사람에게 눌지를 죽여 달라는 부탁을 했다. 하지만 이는 결과적으로 자기 무덤을 판 꼴이 되어버렸다. 『삼국사기』에 의하면 부탁받은 고구려인이, 눌지를 본 다음 그 인품에 반하여 이 부탁을 들어주지 않았다고 한다. 그는 한술 더 떠서 눌지에게 실성의 음모를 알려줘 버렸다.

여기까지 『삼국사기』와 『삼국유사』의 내용이 비슷하지만 이후 사태에 대한 묘사가 약간 달라진다. 『삼국사기』에는 음모를 알고 기회를 엿보던 눌지가 정변을 일으켜 왕위를 차지한 것으로 기록된 반면, 『삼국유사』에는 고구려군이 눌지를 도와 정변을 일으킨 것으로 되어 있다. 어느 쪽이건 고구려가 신라의 정권을 교체할 수 있을 정도의 영향력을 가지고 있는 상황이었음은 분명하다.

이를 뒤집어 보면 실성의 입장도 이해할 수 있다. 그만큼 고구려의 영향권에서 벗어나고 싶어 했다는 것이며, 이는 고구려가 군사적 원조를 빌미로 신라가 괴로울 정도의 간섭과 압박을 해왔음을 짐작하게 해준다. 고구려 측에서 즉위 이후 실성의 행보를 보면서도 그 의도를 눈치 채지 못했을 리는 없다. 단지 그동안은 여러 요소를 감안하여 눈감아 준 것에 불과했을 것이다. 하지만 그에 대한 반응이 눌지 제거에 대한 비협조로 나타난 셈이다.

정변을 통해 집권하고 정국 변화를 추진한 상황을 반영해서 그런지, 눌지 때부터는 통치자의 명칭에 변화가 나타난다. 그 전까지 이사금이라고 썼지만 눌지 이후로는 마립간(麻立干)이라고 불렀던 것이다. 『삼국사기』에는 김대문(金大問)의 말을 인용하며 그 어원을 밝혀놓았다. "마립(麻立)은

말뚝을 일컫는 방언이다. 관직에 따라 자리를 배치하는 함
조(誠操)를 말뚝으로 표시한 데에서 마립간이라는 말이 나왔
다. 즉 마립간은 '가장 높은 자리에 있는 말뚝'이라는 뜻으로
통치자인 왕을 의미하게 되었다"는 것이다. 이를 두고 마립
간은 거서간·차차웅·이사금처럼 '지도자'라는 뜻보다는 '권
력자'라는 의미가 강하다고 보기도 한다. 이는 "신라의 임금
과 신하 관계가 단순한 상하(上下)관계에서 지배-종속의 관
계로 바뀌는 전환점이 마립간이라는 호칭에 나타난다"고 보
는 해석으로 연결된다.

눌지의 어머니는 미추왕의 딸 보반부인(保反夫人: 또는 내례
길포內禮吉怖)이다. 왕비는 실성의 딸이지만, 이 점이 눌지의
정변을 막는 요소가 되지는 못했다.

제상과 눌지의 인질 구출 시도

418년(눌지 2) 정월, 눌지도 관행대로 시조묘를 찾았다. 그
리고 이해에 작은 파란이 있었다. 신라 측에서 고구려와 왜
에 보낸 인질을 구출해 왔던 것이다. 이렇게 두 나라에서 인
질을 구출해낸 주인공은 제상(堤上: 또는 모말毛末)이었다. 『삼
국사기』에는 성이 박씨로, 『삼국유사』에는 김씨로 되어 있

다.『삼국사기』에 소개된 계보에 따르면, 그는 "시조 혁거세의 후손이며, 파사이사금의 5세손"이라고 한다. 할아버지는 아도갈문왕(阿道葛文王), 아버지는 파진찬 물품(勿品)이다. 이에 따르면 그의 원래 성(姓)은 박씨라고 할 수 있다. 단지 신라 때에는 성을 바꾸는 경우가 많았기 때문에, 인질을 구출하는 공을 세운 후에 왕실의 성을 하사받았을 가능성이 크다. 인질 구출에 나서기 전, 그의 벼슬은 삽량주간(歃良州干)이었다.

인질이 가게 된 시점과 배경에 대해『삼국사기』와『삼국유사』에는 약간의 차이가 있다.『삼국사기』에는 내물의 아들들을 인질로 보내게 된 계기가 실성이 즉위한 402년(실성 1)에 있다고 했다. 자신을 고구려에 볼모로 보낸 내물왕의 조치에 대한 보복으로, 왜와 강화를 맺으면서 요구받은 인질 파견을 거절하지 않았다는 것이다. 412년(실성 11)에 미사흔의 형 복호(卜好)를 볼모로 보내달라는 고구려의 요구를 거절하지 않은 것 역시 같은 맥락으로 적혀 있다.

하지만『삼국유사』에는 미사흔을 인질로 보낸 장본인이 내물로 되어 있다. 390년(내물 36:『삼국사기』는 내물 35에 해당)에 왜왕이 보낸 사신이 "대왕께서 신성하다는 말을 들은 우리 임금이 신을 시켜 백제의 죄를 대왕께 아뢰게 하는 것이오니, 왕자 한 분을 보내어 우리 임금에게 성의를 보여달라"

는 뜻을 전해왔다. 그래서 내물이 열 살이었던 셋째 아들 미해를 왜에 보냈다는 것이다. 어려서 말과 행동이 서툴렀기 때문에 내신인 박사람(朴娑覽)을 부사로 삼아 함께 보냈는데, 왜왕이 이들을 30년 동안이나 억류했다고 되어 있다.

복호와 동일 인물로 여겨지는 보해를 보낸 장본인도 실성이 아닌 눌지로 되어 있다. 419년(눌지 3), 고구려 장수왕의 사신이 와서 "우리 임금이 대왕의 아우 보해의 지혜와 재주가 뛰어나다는 말을 듣고 서로 가깝게 지내기를 원하여 보내주기를 요청한다"고 했다. 이 말을 들은 눌지가 화친의 기회라 여기고 매우 다행스럽게 생각하며 아우 보해를 고구려로 보냈다. 이때 내신 김무알(金武謁)을 보좌로 삼아 함께 보냈는데 장수왕 역시 이들을 억류하고 돌려보내지 않았다는 것이다.

이 부분에 있어서는 『삼국사기』 기록이 더 사실에 가까운 듯하다. 실성이 눌지를 제거하려 했고, 이에 대한 대응으로 눌지가 정변을 일으킨 점을 보면 고구려와 왜로 보낸 인질 역시 실성의 정치적 보복이었을 가능성이 크기 때문이다. 그렇게 보아야 눌지가 즉위하자 동생들을 구출해 오려 했다는 사실과 맥락이 닿을 것이다.

눌지가 동생들을 구출해 온 과정도 『삼국사기』와 『삼국유사』는 조금 다른 말을 하고 있다. 고구려에 보내진 보해를 구출하는 과정부터가 그렇다. 『삼국사기』에는 눌지가 '말 잘하는 사람을 구하여' 두 아우를 데려오기 위해 현명하고 지혜가 있다는, 수주촌간(水酒村干) 벌보말(伐寶靺)·일리촌간(一利村干) 구리내(仇里迺)·이이촌간(利伊村干도) 파로(波老) 세 사람을 불러서 물었다. "왜와 고구려 두 나라에 볼모로 보내져 여러 해가 되어도 돌아오지 못하는 동생 둘을 데려오려면 어찌하면 좋겠는가?"라는 질문을 던진 것이다. 그러자 세 사람은 입을 모아 이를 수행할 인재로 '삽량주간 제상'을 추천했다. 눌지는 그 말에 따라 제상을 불러 동생들을 구출해 올 임무를 맡겼고, 제상은 이를 받아들였다.

『삼국유사』에는, 눌지가 동생을 구해낼 생각을 했던 것이 즉위한 지 10년째인 426년(눌지 10)으로 되어 있다.이때 눌지가 친히 여러 신하에게 잔치를 베풀었는데, 술이 세 순배 돌고 음악이 시작되자, 눈물을 흘리면서 신하에게 '선왕과 자신이 볼모로 보낸 동생들을 구해 올 사람'을 찾았다 한다. 이 자리에서 신하들이 제상을 추천했고, 제상이 충성을 맹세하며 임무를 받아들였다는 점은 『삼국사기』와 큰 차이가 없다.

임무를 맡은 제상은 먼저 고구려에 사신으로 갔다. 이때 "이웃 나라와는 성실과 신의로 교제해야 하는데 서로 볼모를 보내는 말세의 일을 하고 있어서야 되겠는가? 지금 우리 임금의 아우가 여기에 거의 10년이나 잡혀 있으니, 우리 임금이 동생과 회포를 풀고 싶어 한다. 만약 대왕께서 돌려보내 주는 은혜를 베푸신다면 별 손해가 없는 반면, 우리 임금은 대왕께 한량없는 감사를 느낄 것이니 이 점을 유념해주소서!"라고 고구려왕을 설득했다 한다. 이 말에 설득된 고구려 왕이 "복호의 귀국을 허락했다"는 것이 『삼국사기』의 내용이다.

반면 『삼국유사』에서는 제상이 변복을 하고 보해가 있는 곳으로 먼저 가서, 함께 도망할 날짜를 약속한 다음 배를 준비해놓고 기다렸다고 되어 있다. 보해는 약속한 날짜에 병을 빙자하여 조회에 나가지 않고, 제상이 기다리는 바닷가로 도망쳤다. 고구려 왕이 이를 알고 수십 명의 군사를 시켜 뒤쫓게 했다. 그러나 보해가 고구려에 있을 때 인심을 얻어두었기 때문에, 추격해 온 군사들이 화살촉을 뽑은 화살을 쏘는 바람에 무사히 돌아올 수 있었다는 것이다. 물론 이 부분 역시 정사(正史)가 아닌 『삼국유사』 기록에는 상대적으로 왜곡된 사실들이 많이 들어간 듯하다. 당시 신라가 고구려의 눈치를 보지 않고 『삼국유사』에 묘사된 상황대로 우악스럽게 인질을 구출해내기는 어려웠을 것이기 때문이다.

제상의 희생

　이렇게 고구려에서 인질을 구출해낸 다음, 제상은 처자도 보지 않고 왜에 간 미사흔 구출에 나섰다. 눌지가 왜에 간 동생도 구출했으면 하는 의사를 비쳤기 때문이다. 『삼국사기』에는, 고구려와 달리 왜는 말로 달랠 수 없으니, 자신이 신라에서 죄를 짓고 도망쳤다는 정보를 왜에 흘려달라 했다고 되어 있다. 그가 율포(栗浦)에서 떠나려 할 때, 그 소식을 듣고 아내가 포구로 달려와 "잘 다녀오라" 했지만, 제상은 "다시 볼 것이라고 기대하지 말라"고 대답했다 한다.

　그렇게 왜로 건너간 제상은 망명객 행세를 하였으나 왜왕은 의심을 거두지 않았다. 『삼국사기』에는, 신라가 고구려와 함께 왜를 치려한다는 백제인의 모략으로 왜병이 신라에 파병되었고, 마침 고구려가 쳐들어 와 파견된 왜병을 죽이거나 사로잡는 일이 있었기 때문이라는 식으로 소개되어 있다. 광개토왕의 임나가라 정벌을 의미하는 듯한 이 사건 때문에 왜왕은 백제인의 말을 사실로 여겼다는 것이다.

　그러나 신라 왕이 미사흔과 제상의 가족을 옥에 가두었다는 말을 듣고, 제상을 믿기 시작했다. 왜왕은 장차 신라를 침략할 의도로, 제상과 미사흔을 길 안내할 장수로 임명하여 해중(海中) 산도(山島)까지 진출했다. 왜의 장수들까지 '신라를 멸망시킨 다음 제상과 미사흔의 처자를 데려오자고 할 정도'로 믿음을 보이자, 제상은 미사흔과 함께 배를 타고 놀러 다니는 척했다. 이렇게 하여 왜인이 의심을 거둘 때 즈음 제상은 미사흔에게 슬그머니 본국으로 돌아가라는 뜻을 밝혔다. 미사흔은 "아버지처럼 받들던 분을 놔두고 어떻게 혼자서 돌아가겠느냐"고 했지만, 제상이 설득했다. "두 사람이 함께 떠나면 성공하기 어렵다"는 이유였다.

목을 껴안고 울던 미사흔을 떠나보낸 제상은, 도망갈 시간을 벌어주기 위해 다음날 일부러 늦게 일어났다. 여러 사람이 찾아와 물어도 "어제 배를 타서 피곤하여 일찍 일어날 수 없다."고 둘러댔다. 그렇지만 곧 미사흔이 도망쳤다는 사실이 발각되었고, 왜인들이 추격에 나섰지만 마침 안개가 심하게 끼어 실패했다. 왜왕은 제상을 목도(木島)로 유배 보낸 다음 화형을 시켜 죽인 후에 목을 베었다.

미사흔이 돌아오자, 눌지는 6부(六部)에 명하여 멀리까지 나가 맞이하게 했다. 그리고 눌지를 만나자 손을 잡고 서로 울었다 한다. 형제들이 술자리를 마련했을 때 눌지가 자신의 뜻을 나타낸 노래와 춤을 선사했는데, 향악의 우식곡(憂息曲)이라 한다. 그리고 제상이 처형당했다는 소식을 듣고 애통해하며 제상에게 대아찬 벼슬을, 그 가족에게도 후한 상을 내려주었다. 그리고 제상의 둘째 딸을 미사흔의 아내로 맞아들였다는 것이 『삼국사기』의 제상 관련 내용이다.

『삼국유사』에는 약간의 차이가 있다. 눌지가 보해를 보자 미해 생각이 나서 눈물을 흘리며 말했다. "마치 몸에 한쪽 팔뚝과 한쪽 눈만 있는 것 같아서 마음이 아프다"는 것이다. 이 말을 들은 제상은, 두 번 절을 한 다음 바로 율포의 바닷가로 갔다. 이 소식을 듣고 아내가 달려오기도 전에 배에 오른 제상은, 손만 흔들어 보일 뿐 배를 멈추지 않았다.

그는 왜국에 도착하여 "계림 왕이 아무런 죄도 없는 제 가족을 죽여 도망 왔다"고 거짓말을 했다. 왜왕은 이 말을 믿고 제상을 받아들였고, 이를 이용하여 제상은 미해를 모시고 해변에 나가 놀았다. 그리고 낚시와 사냥으로 잡은 것을 왜왕에게 바쳤다. 왜왕이 의심을 거두자, 안개가 자욱하게 낀 어느 날 새벽 제상이 미해에게 떠나라고 했다. 미해가 같이 가자 했으나 제상은 왜인들의 추격을 막아야 한다며, 미해에게 술을 따라 주고 신라인 강구려(康仇麗)에게 호송을 맡겼다.

그리고는 미해의 방에 들어가서, "미해공이 어제 사냥하느라고 몹시 피로해서 일어나지 못한다"며 미해를 모시는 사람들이 방에 못 들어오게 하였다. 이튿날 저녁 때까지 버티었다. 하지만 미해의 탈출은 곧 발각되었고, 보고를 받은 왜왕은 기병을 시켜 뒤를 쫓았으나 실패했다.

미해를 잡지 못한 왜왕은 제상을 가두어두고 미해를 탈출

시킨 이유를 물었다. 제상은 "계림의 신하인 나는 우리 임금의 소원을 이루어주려 했을 뿐"이라 답했고, 이를 들은 왜왕은 노했다. 그러면서 "나의 신하가 되어서 감히 계림의 신하라고 하니, 다섯 가지 형벌[오형五刑: 피부에 먹물로 글씨를 새겨넣는 벌, 코를 베는 벌, 발뒤꿈치를 베는 벌, 불알을 없애는 벌, 목을 베어 죽이는 벌]을 모두 줄 것"이라고 위협을 주었다. 그러면서도 기회를 주었다. 만약 왜국의 신하라고 말을 한다면 후한 녹을 주겠다는 것이다.

그러나 제상은 "차라리 계림의 개돼지가 될지언정, 왜국의 신하는 되지 않겠다"며 거절했고, 화가 난 왜왕은 제상의 발바닥 거죽을 벗기고 갈대를 베어 그 위를 걷게 했다. 그래서 제상의 피 때문에 지금도 갈대에서 붉은 빛깔이 난다고 해놓았다. 그러고 나서 다시 누구의 신하인지를 물었다. 그래도 "계림의 신하"라는 답이 나오자 쇠를 달구어 그 위에 세워놓고 또 물었지만, 같은 답이 나오자 제상을 굴복시키지 못할 것을 깨달았다. 왜왕은 곧바로 목도라는 섬에서 제상을 불 태워 죽였다.

왜에서 탈출에 성공한 미해는, 먼저 강구려를 보내 사실을 알렸다. 눌지왕은 기뻐하며 백관들로 하여금 굴헐역(屈歇驛)에서 미해를 맞이하게 했다. 눌지는 먼저 고구려에서 돌아왔던 보해와 함께 남교(南郊)에서 미해를 맞았다. 그리고 난 뒤 대궐에서 잔치를 베풀고, 대규모 사면령을 내려 죄수를 풀어주었다. 제상의 가족들에게도 상이 내려졌다. 제상의 아내는 국대부인으로 봉하고, 딸은 미해의 부인으로 삼았다. 이 조치를 취하는 과정에서 어떤 신하가 "한(漢) 신하인 주가(周苛)가 영양(榮陽)땅에서 초나라 군사에게 잡혔을 때 비슷한 일이 있었다. 이 번 제상의 기개도 그에 못지 않다"고 했다.

바로 이어서 제상의 부인에 관한 설화가 붙어 있다. 제상을 떠나보낸 그녀는 망덕사 문 남쪽 모래위에 주저앉아 울부짖었는데, 이로 인하여 그곳을 장사(長沙)라 부른다는 것이다. 그리고 친척 두 사람이 부인을 붙들고 집에 돌아오려고 했을 때 부인이 두 다리를 뻗고 앉아 일어서지 않아, 그곳을 벌지지(伐知旨)라 한다는 말도 추가되어 있다. 제상의 부인에 대한 설화는 여기서 끝이 아니다. 시간이 오래 지난 뒤에도 그녀는 남편 생각이 날 때마다 세 딸을 데리고 치술령(鵄述嶺)에 올라가 왜국을 바라보며 통곡하다가 마침내 죽었다 한다. 그래서 부인을 치술신모(鵄述神母)라 하며, 그녀에게 제사 지내는 사당이 있다는 것이다.

『일본서기』의 황당한 이야기들

그런데 이즈음에 해당하는 『일본서기』 기록에는 해괴한 사건들이 이어진다. 사실 『일본서기』 기록은 정확한 시기가 언제인지도 구별할 수 없을 만큼 사건이 일어난 시기가 제 멋대로 배치되어 있다. 따라서 신라 관련 기록도 적당한 시 기에 붙여둔다는 점 미리 밝혀야 할 것이다.

언제인지 모를 어느 해 8월경 왜 천황이 신하들에게 "이 두국(伊豆國)에서 바친 고야(枯野)라는 관선(官船)이 썩어서 사용할 수 없게 되었다. 그러나 오랫동안 쓰인 공로를 기리 기 위해 그 배의 이름을 후세에 전할 방법을 강구하라"고 했 다. 그러자 신하들은 담당 관리에게 명령하여 그 배의 목재 를 땔감으로 하여 소금을 굽도록 했단다. 그렇게 해서 500광 주리의 소금을 얻어, 여러 나라에 두루 나눠주고는 또 배를 만들게 했다. 이 때문에 여러 나라에서 한꺼번에 500척의 배 를 만들어 바쳤다. 이 배들을 무고수문(武庫水門)에 모아놓았 다. 마침 이때 신라의 조공 사신이 무고에 와 있었는데, 신라 정(新羅停)에서 시작된 불이 모아놓은 배로 번져 많은 배가 불에 탔다. 이 사건으로 신라인을 책망하였더니, 신라 왕이 크게 놀라서 뛰어난 장인을 바쳤단다. 이때 신라에서 바친 장인들의 후손이 이나베[저명부猪名部] 등의 시조라 해놓았다. 눌지 집권 시기에는 신라와 왜의 관계가 좋은 방향으로 가기 어려웠다는 점을 감안하면 역사적 사실이 제대로 반영되어 있다고 볼 수 없다.

황당한 내용은 이후에도 이어진다. 닌토쿠[인덕仁德]천황 때에 하천을 정비하는 공사를 벌였는데, 신라에서 조공 사신이 오자 그들을 이 공사에 투입했다는 것이다. 신라가 전쟁을 벌이고 있는 상대에게 조공 사신을 보냈다는 것이나, 조공 사절을 공사장에 투입했다는 것이나 납득하기 어렵기는 마찬가지다.

이런 성향의 내용은 몇 년 후 기록에도 나타난다. 신라가 조공을 바치지 않자, 그 해 9월에 도다노스쿠네[지전숙네砥田宿禰]와 사카노코리노오미[현유신賢遺臣]를 보내 조공하지 않은 일에 관해 따졌더니, 신라인이 두려워하여 공물을 바쳤다는 것이다. 그렇게 바친 공물이 비단 1,460필을 비롯해서 배 80척 분량이었다고 한다. 물론 이 역시 액면 그대로 믿는 학자는 별로 없다.

또 정확한 시기를 확인할 수 없는 어떤 시기에, 신라와 왜가 전쟁을 치른 기록이 나온다. 하지만 항상 그랬듯이 그 원인과 전개 과정에 대해서는 다르게 되어 있다. 신라가 조공을 바치지 않자, 왜에서는 다카하세[죽엽뢰竹葉瀬]를 파견하여 조공하지 않은 까닭을 묻게 했다. 그런데 다카하세가 이런 임무를 받고 신라로 가는 도중에 흰 사슴을 잡았다. 그래서 곧바로 돌아와서 천황에게 바친 다음 다시 날을 잡아 길을 떠났단다.

이렇게 흰 사슴을 잡았다고 남의 나라 가던 사신이 돌아와 잡은 사슴을 바치고, 다시 떠나는 행각을 벌였던 다카하세가 어떻게 임무를 수행했는지에 대해서는 일언반구의 기록도 없다. 그런데 그의 아우 다지[전도田道]가 또 신라로 파견되었단다. 그러면서 왜에서는 "만일 신라가 저항하면 군사를 일으켜 치라"며 정예 병력을 주었다. 예상대로 신라는 저항했는데, 정작 신라를 침공했던 다지는 요새를 지키며 나아가 싸우지 않았다. 그런데 때마침 신라의 군졸 하나가 뜬금없이 병영 밖으로 나왔단다. 그 군졸을 사로잡아 그 상황을 물었다. "백충(百衝)이라는 자가 민첩하며 용맹한데, 그는 항상 군의 우측 선봉에 선다. 그러니 상황을 잘 살펴보다가 좌측을 치면 이길 수 있다"고 가르쳐주었다. 그래서 다지가 날랜 기병으로 하여금 왼쪽을 집중 공격하게 했더니 신라군이 무너졌다. 그 틈을 타 수백 명을 죽이고 4읍의 백성을 사로잡아 돌아왔다고 한다. 이 역시 믿거나 말거나 식의 『일본서기』 기록이니 감안하고 보아야 할 것이다.

이다음에도 『일본서기』에는 상당한 시간이 흐른 시기에 또 전혀 다른 양상의 기록도 나타난다. 이 사건은 왜의 인교

[윤공允恭]천황이 죽었을 때로 설정되어 있다. 신라는 그 소식을 듣고 놀라고 슬퍼하며, 조공품을 실은 배 80척과 각종 악공[악인樂人] 80명을 바쳤단다. 이들은 대마도를 지날 때나 쓰쿠시에 도착하여 크게 곡을 했다. 그리고 나니와즈[난파진難波津]에 도착하자 모두 소복을 입었다. 이들은 모두 조공품을 받쳐 들고, 각종 악기를 울리며 나니와즈에서 왕경에 이르기까지 울기도 하고, 춤추고, 노래하며 마침내 빈궁(殯宮)에 들어갔다.

이렇게 왔던 신라 조문사 등이 11월 조문을 마치고 돌아가며 민망한 사건이 일어났다고 한다. 신라인이 왕경부근에 있던 미미나시야마[이성산耳成山], 우네비야마[무방산畝傍山]을 좋아해서, 고토히키노사카[금인판琴引坂]에 이르러 돌아보며 우네메하야[우니미파야宇泥咩巴椰] 미미하야[미미파야彌彌巴椰]"라고 말했다. 왜의 말에 익숙하지 않아서 발음을 잘못한 것뿐이었지만, 신라인을 따라가던 야마토노우마카히베[왜사부倭飼部]가 이 말을 듣고 의심하여 신라인이 우네메[채녀采女]와 정을 통했다고 생각했다. 돌아와서 오하쓰세노미코[대박뢰황자大泊瀨皇子]에게 보고하자, 오하쓰세노미코는 신라 사신을 모두 가두고 추궁했다. 이 사건은 곧 오해가 풀려 해프닝으로 끝났지만, 앙심을 품은 신라인이 조공 물품을 줄였다고 한다. 물론 이 역시 믿을만한 이야기는 못된다.

눌지 집권 시기의 파란

정변을 통해 집권한 눌지는 왕위에 있으면서 많은 파란을 겪었다. 419년(눌지 3) 4월, 우곡(牛谷)에서 물이 솟구쳐 올랐던 일은 가벼운 이변에 속한다.

다음 해인 420년(눌지 4)에는 봄·여름에 걸쳐 크게 가물었다. 음력 7월에는 서리가 내려 곡식이 죽었다. 이 때문에 기근이 들어 백성들 중 굶주려 자식을 파는 사람이 생겨났다. 눌지는 이런 사정을 감안하여, 죄수들의 정상을 살펴 죄를 면해주었다.

423년(눌지 7) 4월에는 남당(南堂)에서 노인들을 접대하며, 몸소 음식을 집어주고 곡식과 비단을 차등 있게 내려주는 행사를 치렀다.

424년(눌지 8) 2월에는 고구려에 사신을 보냈다. 그리고 시간이 좀 흘렀지만 429년(눌지 13), 몇 년 전 가뭄에 시달린 대책을 실행에 옮기려 그랬는지 이때 길이가 2,170보(步)에 달하는 시제(矢堤)를 새로 쌓았다.

431년(눌지 15) 4월, 왜군이 동쪽 변경을 침범해 명활성을 포위했다. 그러나 별다른 성과 없이 물러갔다. 이 사건을 겪은 후인 7월에는 서리와 우박이 내려 곡식이 상하는 재해를 당했다.

432년(눌지 16) 봄, 사람들이 소나무 껍질을 먹을 정도로 기근이 들었다고 한다. 다음 해인 433년(눌지 17) 5월에는 왜에서 구출해 낸 미사흔(未斯欣)이 죽었다. 눌지는 서불한 벼슬을 추가로 내려주었다.

그런데 이해 7월, 의미심장한 기록이 나온다. 백제가 사신을 보내 화친하기를 요청하여 들어주었다는 것이다. 이는 그동안 고구려에 의지하던 외교에 변화를 주는 계기가 되었다. 고구려의 힘을 받아 정변을 일으켜 왕위에 오른 눌지가 이런 조치를 취하게 된 것을 보면, 그만큼 신라에 대한 고구려의 횡포가 심했을 것이라 짐작할 수 있다. 그렇지 않고서야 눌지가 자신이 제거한 실성의 외교 전략을 그대로 본받아, 고구려와의 갈등을 야기할 이유가 없기 때문이다. 사실 이러한 분위기는 얼마 가지 않아 고구려에 대한 신라의 불만이 터지는 사건으로 이어졌다.

이 기조는 다음 해에도 이어진다. 434년(눌지 18) 2월에도 백제 왕이 좋은 말 두 필을, 9월에도 흰 매를 보냈다. 이에 보답하여 눌지도 10월에 황금과 야광주[명주明珠]를 백제에 보내 보답했다.

이후 몇 년 동안은 재해 기록이 이어졌다. 435년(눌지 19) 정월에는 큰바람이 불어 나무가 뽑혔다. 2월에는 이 피해 때문인지 앞선 왕들의 왕릉을 수리했다. 4월에는 보통 즉위 초에 시행하는 시조묘에 대한 제사를 지냈다. 436년(눌지 20)에는 여름으로 접어드는 음력 4월에 우박이 내렸다. 그리고 재해가 심할 때 자주 취하는, 죄수의 정상을 살피는 조치를 취했다.

438년(눌지 22) 4월에는 우두군(牛頭郡)에 산골물[산수山水]이 갑자기 들이쳐 50여 채의 집이 떠내려갔다. 그리고 수도에 큰바람과 함께 우박이 내렸다. 이런 재해 기록 뒤에 별다른 설명 없이 "백성들에게 우차(牛車)의 사용법을 가르쳤다"는 기록이 나온다.

440년(눌지 24) 한동안 잠잠하던 왜인의 침공이 이어졌다. 이해 남쪽 변경에 침입하여 백성[생구生口]을 붙잡아 가고 난 뒤, 6월에 또 동쪽 변경을 침범했다. 이는 백제와의 화친이 성립하고 난 다음에도 왜의 신라 침략이 계속되었다는 의미가 된다. 사태가 이렇게 전개되게 된 배경과 왜의 의도에 대해서는 논란이 많다. 하지만 이에 대해서도 『백제왕조실록』에서 다룬 바 있으므로 여기서는 간략하게 언급만 해둔다.

441년(눌지 25) 2월, 사물현(史勿縣)에서 꼬리가 긴 흰 꿩[백치白雉]을 바쳤다. 눌지는 귀한 짐승을 바친 것을 가상히 여겨 현의 관리에게 곡식을 내려주었다.

이렇게 잠시의 평온을 누린 뒤인 444년(눌지 28) 4월, 왜군이 또 쳐들어와 금성을 열흘 동안 포위했다가 식량이 떨어져 되돌아갔다. 눌지는 이 기회를 이용하여 타격을 주려 한 듯, 왜병들을 추격하려 했다. 그러자 주위에서 "궁지에 몰린 도적은 뒤쫓지 말라"는 병가(兵家)의 말을 인용하며 말렸다고 한다.

그러나 눌지는 그 말을 뿌리치고 수천 명의 기병을 이끌고 독산 동쪽까지 추격해 가서 전투를 벌였다. 이 싸움에서 왜군의 반격에 패배한 눌지는 병력의 반을 잃었다. 위기에 몰린 눌지는 말을 버리고 산에 올랐고, 왜군은 산을 몇 겹으로 에워쌌다. 그런데 이때 갑자기 바로 앞에 있는 것도 알아볼 수 없을 정도의 안개가 끼었다. 왜군 측에서는 "신이 신라를 돌보아주는구나." 하고는 물러갔다 한다.

왜와의 관계가 이렇게 정리되지 않고 있었음에도 고구려와의 갈등이 불거지는 사건이 일어났다. 바로 450년(눌지 34)의 일이다. 이해 7월, 고구려의 변방 장수가 실직(悉直)의 들판에서 사냥하고 있었다. 남의 나라 장수가 신라 영역에서 제멋대로 사냥하는 데 분개한 하슬라성(何瑟羅城) 성주 삼직(三直)이 동원한 군사로 기습을 감행하여 고구려 장수를 죽여버렸다.

이 사태를 보고 받은 고구려 장수왕이 가만히 있을 리 없었다. 화가 난 장수왕은 사신을 보내 신라 측에 통보했다. "내가 신라와 우호 관계를 맺고 있는데, 어찌 신라 군사가 우리의 변방 장수를 죽이는 일이 생길 수 있는가"라며 고구려 군대를 동원해 신라 서쪽 변경을 침공했다는 것이다. 이 사태를 맞이한 눌지는 사과를 하여 고구려군이 물러가도록 했다. 일단은 해결된 셈이지만 이러한 분위기가 오래가지는 않았다.

이 문제를 해결하고 난 뒤인 452년(눌지 36) 7월에는 대산군(大山郡)에서 상서로운 벼이삭을 바쳤다. 그러나 상서로운 물건의 효험이 없었는지, 다음 해인 453년(눌지 37)에는 봄·여름에 걸쳐 가뭄이 들었다. 이 여파였는지, 7월에는 이리 떼가 시림(始林)까지 들어왔다. 이듬해인 454년(눌지 38)에도 마찬가지로 재해를 입었다. 7월, 서리와 우박이 내려 곡식을 해쳤다.

그리고 이렇게 재해가 잇따른 뒤인 8월, 고구려가 신라 북쪽 변경을 침범해 왔다. 이후에는 본격적으로 백제와 협력하여 고구려의 침략에 공동으로 대응해나갔다. 455년(눌지 39) 10월, 백제에 침입한 고구려군을 격퇴하기 위해 신라군을 보낸 것이 그 시발점이라 할 수 있다.

그리고 이후 당분간은 또 재해가 이어졌다. 457년(눌지 41) 2월에는 나무가 뽑힐 정도의 큰바람이 불었다. 여기에 여름으로 접어드는 음력 4월에, 서리가 내려 보리 농사에 타격을 주었다.

다음 해인 458년(눌지 42) 2월에는 지진이 일어났고, 금성 남문이 저절로 무너졌다. 그리고 그해 8월, 눌지가 죽었다.

제20대 자비마립간

왜가 신라를 도와주었다?

458년(자비 1), 눌지의 뒤를 이른 인물이 맏아들 자비마립
간(慈悲麻立干)이다. 눌지가 정변으로 제거한 실성의 딸이 어
머니라는 점이 이채롭다. 내막은 알 수 없지만, 아버지와 남
편이 서로 목숨을 노리는 정적 관계였음에도 그녀는 제거되
지 않았다는 점 때문이다.

459년(자비 2) 2월, 그 역시 관례대로 시조묘를 찾아뵈었
다. 그런데 이해 4월, 왜에서 침공해 왔다. 이들은 전함(兵船)
100여 척으로 동쪽 변경에 상륙, 월성까지 진격해 포위하고

는 화살과 돌을 퍼부으며 공격했다. 하지만 신라의 농성에 별다른 전과를 거두지 못하고 철수했다. 신라 측에서는 이틈을 타 반격해서 북쪽 바다 어구까지 추격해 갔다. 추격당한 왜군은 바다로 밀려 반 정도가 물에 빠져 죽었다고 한다. 이 자체만 보면 그동안 해왔던 침공과 크게 다를 바가 없는 듯하지만, 정세 변화를 감안하면 의미심장하다. 신라가 왜와 우호를 유지하고 있던 백제와 화친을 했음에도, 왜의 침공을 받고 있기 때문이다. 그 배경에 대해서 역시 『백제왕조실록』에서 다룬 바 있으므로 여기서는 생략한다.

461년(자비 4) 2월, 자비마립간은 서불한 미사흔(未斯欣)의 딸을 왕비로 맞았다. 사촌과 혼인한 셈이다. 4월에는 용이 금성의 우물에 나타났다고 한다.

462년(자비 5) 5월에 왜에서 또 쳐들어와 활개성(活開城)을 습격하여 깨뜨렸다. 그리고 백성 1,000명을 사로잡아 갔다. 다음 해인 463년(자비 6) 2월에도, 왜는 삽량성(歃良城)을 공략했다. 이때에는 별다른 성과를 거두지 못하고 돌아갔다. 자비는 벌지(伐智)와 덕지(德智)에게 군사를 거느리고 왜군이 철수하는 길에 매복해 있다가 기습하라는 명을 내렸다. 이 전략이 들어맞아 왜군은 큰 타격을 입었다. 이후 자비는 왜의 침략에 대비하여 변경에 두 성(城)을 쌓았다. 그리고 7월에는 대규모로 군대를 사열하며 대비 태세를 점검했다.

그런데 『일본서기』에는 완전히 상반되는 내용이 나온다. 언제인지 확인하기도 어려운 시점이기는 하지만, '천황이 즉위하고 이해에 이르기까지' 신라가 배신하여 공물을 바치지 않은 지가 8년째 되었단다. 신라는 이래 놓고 왜가 두려워 고구려와 화의를 맺었고, 이에 따라 고구려 왕은 정예 병사 100명을 보내어 신라를 지켜주었다. 하지만 얼마 되지 않아 고구려의 속셈이 곧 드러났다. 고구려 병사 한 명이 잠시 본국으로 돌아가면서 신라인을 마부로 삼았던 것이 화근이었다. 그 병사는 속도 없이 신라인 마부에게 "너희 나라가 우리 땅이 될 날이 멀지 않았다"고 하였고, 이를 들은 마부는 배가 아프다는 핑계를 대고 도망쳐 와 신라에 이 사실을 알렸다.

그러자 신라 왕은 전국에 "집안에서 기르는 수탉을 죽여라"는 소식을 전했고, 이 뜻을 알아차린 신라인들이 나라 안에 있는 고구려인을 모두 죽였다. 하지만 이 와중에 살아남은 한 사람이 고구려로 도망쳐 사태를 알리니, 고구려 왕은 곧 군사를 일으켜 쳐들어왔다. 그런데 쳐들어온 고구려군은 축족류성(筑足流城: 또는 도구사기성都久斯岐城)에 모여서 노래와 춤으로 즐겁게 놀았다고 한다.

이 소식을 들은 신라 왕은 임나 왕(任那王)에게 사신을 보내어 "고구려의 침략에 나라가 위기에 처했으니, 일본부(日本府)의 행군원수(行軍元帥) 등의 구원을 청한다"는 뜻을 알

려왔다. 이 요청을 받은 임나 왕은 가시와데노오미이카루가
[선신반구膳臣斑鳩], 기비노오미오나시[길비신소리吉備臣小梨],
나니와노키시아카메코[난파길사적목자難波吉士赤目子]에게 신
라를 구원하도록 권했다. 그러자 이들이 본격적으로 전투 준
비를 하지 않았음에도 고구려의 장수들은 싸우기도 전에 두
려워하였단다.

그러자 가시와데노오미이카루가 등은 직접 군대를 독려하
며 서둘러 진격했다. 그런데 왜군은 대치한 지 10여 일이 지
나자, 난데없이 밤에 험한 곳을 파서 땅굴을 만들고 군대의
무기와 식량을 모두 옮겨버리고 매복병을 배치했다. 새벽이
되자, 고구려는 이들이 달아났다고 생각하여 병력을 모두 이
끌고 추격해 왔다. 이에 왜군은 매복병을 풀고, 보병과 기병
이 협공하여 고구려를 크게 이겼다. 이 결과 고구려와 신라
사이에 원한이 생겼다. 이렇게 고구려군을 격파해놓고 가시
와데노오미이카루가 등은 신라에게 설교를 했단다. "지극히
약한 주제에 지극히 강한 나라와 맞섰으니, 우리가 도와주지
않았으면 큰 피해를 보고 나라를 빼앗길 뻔했다. 그러니 앞으
로는 천황을 배반할 수 있겠는가!"라고 했다는 것이다.

이것은 『일본서기』의 기록일 뿐이고, 어쨌든 신라 측에서
왜의 침공에 대비한 덕분인지 이후로는 『삼국사기』에 왜의
침략으로 입은 피해 기록은 줄어든다. 하지만 피해는 엉뚱한

곳에서 입었다. 465년(자비 8) 4월에 홍수가 나서 산 17곳이 무너졌고, 5월에는 사벌군(沙伐郡)에 메뚜기 떼의 피해를 입었던 것이다.

신라-왜 관계의 황당한 반전?

그런데 이쯤에서 『일본서기』 기록의 연대가 비교적 정확해지기 시작한다. 그렇지만 내용을 황당하게 쓰는 버릇은 버리지 못했다. 신라와 연관된 바로 직전 기록에는 신라에 대단한 은혜를 베풀었다고 해놓고, 이해 3월에는 무슨 변화가 있었는지에 대한 설명도 없이, 천황이 친히 신라를 정벌하고자 하였단다. 그런데 신(神)이 천황에게 "가지 말라"고 말리는 바람에 가지 않았단다. 대신 기노오유미노스쿠네[기소궁숙녜紀小弓宿禰], 소가노카라코노스쿠네[소아한자숙녜蘇我韓子宿禰], 오토모노카타리노무라지[대반담련大伴談連], 오카히노스쿠네[소록화숙녜小鹿火宿禰] 등을 보냈다. 그러면서 "서쪽 땅에서 대대로 신하를 칭하며 조공해 오던 신라가 자기 필요에 따라 떠났다가 붙으니, 너희 네 사람이 천벌(天罰)을 내리라"고 명을 내렸단다.

그런데 이렇게 천황의 명령을 받은 상태에서 기노오유미

노스쿠네는 오토모노카타리노무라지에게 "처가 죽은 지 얼마 되지 않아 시중을 들어줄 사람이 없다"며 '이 사정을 천황에게 말해달라'고 부탁했다. 이 말을 전해들은 인정 넘치는 천황이 기비노카미쓰미치노우네메오시아마[길비상도채녀대해吉備上道采女大海]를 기노오유미노스쿠네에게 보내 시중들게 해주며 전장으로 보냈다.

이들은 신라로 들어와 노략질을 했고, 신라 왕은 밤에 사방에서 왜군의 북소리가 울리자 수백 명의 군사와 함께 도망갔다고 한다. 기노오유미노스쿠네가 신라군을 추격해서 신라 장수를 베었는데도, 남아있던 무리들이 항복하지 않고 저항했다. 그러자 기노오유미노스쿠네는 병사를 거두어 오토모노카타리노무라지 등과 합류하여 남은 무리들과 싸웠다. 이날 저녁에 왜군 장수들 대부분은 전사했고, 신라군이 물러나자 왜군도 물러났다. 대장군 기노오유미노스쿠네는 나중에 병에 걸려 죽었다.

그런데 이해 5월에 아버지가 죽었다는 소식을 들은 기노오이와노스쿠네[기대반숙녜紀大磐宿禰]가 신라로 와서 오카히노스쿠네가 거느리는 병력을 맡아 마음대로 지휘하였고, 이 때문에 둘 사이에 갈등이 생겼다. 그러자 오카히노스쿠네는 소가노카라코노스쿠네에게 기노오이와노스쿠네가 "당신 병력까지 거느리겠다며 다닌다"고 거짓말을 해서 이들 사이에도 틈이 생겼다. 이를 백제왕이 해결해주려 했지만, 이들이 싸움을 멈추지 않아 결국, 기노오이와노스쿠네가 소가노카라코노스쿠네를 죽이는 사태가 벌어졌다. 이 바람에 이들은 중재에 나섰던 백제 왕의 궁에 이르지 못하고 돌아왔단다.

『일본서기』의 황당한 기록 이외에는 신라에 대한 왜의 위협이 줄어들었지만, 467년(자비 10) 봄에는 담당 관청에 명하여 전함(戰艦)을 수리하게 하는 등, 전쟁에 대한 대비를 늦추지 않았다. 그런데 9월에는 하늘이 붉어졌고, 큰 별이 북쪽에서 동쪽으로 흘러가는 이상 현상이 나타났다.

468년(자비 11) 봄, 왜가 아닌 고구려가 침략해 왔다. 말갈과 함께 북쪽 변경 실직성(悉直城)을 습격해 왔던 것이다. 이 침공의 결과에 대해서는 별다른 언급이 없는 가운데, 9월에 15세 이상인 하슬라(何瑟羅) 지역 사람을 징발하여 이하(泥河: 또는 이천泥川)에 성을 쌓았다.

469년(자비 12) 정월에는 수도의 방·리(坊里)의 이름을 정하며 행정구역을 정비했다. 그렇지만 4월에는 나라 서쪽 지방에 홍수가 나서 백성의 집이 피해를 입었다. 그러자 자비는 7월, 수재(水災)를 당한 주와 군을 두루 돌며 위로하는 일에 나섰다.

이렇게 나라 내부를 정비한 다음 해인, 470년(자비 13)에 삼년산성(三年山城)을 쌓았다. 이 성의 이름을 삼년(三年)이라

짓게 된 이유가 "공사를 시작한 지 3년 만에 완공하였기 때문"이라는 주석이 붙어 있다. 471년(자비 14) 2월에 또 모로성(芼老城)을 쌓았다.

이렇게 전쟁 대비 태세를 정비하는 중 재해를 당했다. 이해 3월에는 수도의 땅이 갈라졌다. 가로 세로가 두 길에 달했으며, 갈라진 곳에서 탁한 물이 솟아올랐다. 10월에는 전염병이 크게 돌았다.

473년(자비 16) 정월에는, 왜의 침공 때 매복 작전을 성공적으로 수행한 아찬 벌지와 급찬 덕지를 좌·우장군(左右將軍)으로 삼았다. 7월에는 명활성을 수리했다. 그리고 다음 해인 474년(자비 17)에는 일모성(一牟城), 사시성(沙尸城), 광석성(廣石城), 답달성(沓達城), 구례성(仇禮城), 좌라성(坐羅城) 등을 쌓았다. 이렇게 한꺼번에 여러 성을 쌓는 공사에 무리가 따르지 않을 리 없었겠지만, 고구려와의 대치에 대비하지 않을 수 없었던 듯하다.

그런데 고구려의 공략 방향은 신라가 아니었다. 「신라본기」에는, 이해 7월 고구려 장수왕은 몸소 군사를 거느리고 백제를 공략했다고 기록되어 있다. 『삼국사기』 「고구려본기」 「백제본기」 기록과 1년 차이가 난다. 「신라본기」에 이 사건을 기록할 때 착오가 있었던 것 같다. 어쨌든 「신라본기」에는, 침공을 당한 백제 개로왕이 '아들 문주(文周)'를 보내 신라에 도움을 요청해 왔다고 되어 있다. 자비는 구원병을 백제로 보냈지만, 이 병력이 도착하기도 전에 한성은 함락되고 개로왕 역시 살해당했다.

백제의 한성이 함락된 데에 자극을 받았는지, 다음 해인 475년(자비 18) 정월, 자비는 거주지를 명활성으로 옮겼다.

백제에 구원병을 파견한 2년 뒤인 476년(자비 19) 6월, 왜의 침공이 재개되었다. 이들은 동쪽 변경을 침략해 왔고, 자비는 장군 덕지에게 반격을 명했다. 덕지는 반격을 통하여 왜군을 격파하고 200여 명을 죽이거나 사로잡았다. 그럼에도 다음 해인 477년(자비 20) 5월, 왜는 또다시 침공을 감행했다. 이번에는 다섯 방면의 길로 침입해 왔으나, 별다른 성과를 거두지 못하고 되돌아갔다.

이렇게 보면 이른바 '나제동맹'이 맺어진 이후, 왜의 신라 침공은 당시 국제 정세에 별다른 영향을 주지 못했다고 할 수 있다. 바다 쪽으로 바뀐 침공 방향은 백제와 가야의 협조가 없었음을 시사해준다. 또한, 신라도 왜의 침공이 지속되고 있음에도 백제에 구원병을 보낼 정도로 이에 둔감해지는 경향을 보여준다. 이는 왜 단독의 침공에 대해서는 신라가 별 신경을 쓰지 않아도 될 정도로 그리 큰 영향력은 없었다고 본다.

478년(자비 21) 2월, 밤에 붉은 빛이 한 필의 명주를 쭉펼

처놓은 것처럼 땅에서 솟아 하늘까지 뻗치는 일이 일어났다 한다. 10월에는 수도에 지진이 일어났다.

그리고 다음 해인 479년(자비 22) 2월 3일, 자비가 죽었다.

제21대 소지마립간

자비의 뒤는 맏아들 소지마립간(炤知麻立干: 또는 비처毗處)
이 이었다. 어머니 김씨는 바로 자비가 맞아들였던 미사흔의
딸이다. 그의 왕비는 이벌찬 내숙(乃宿)의 딸 선혜부인(善兮夫
人)이다. 소지는 어려서부터 효성이 지극하고 겸손하여 인심
을 얻었다고 한다. 그가 즉위한 479년(소지 1)에는 대규모로
사면하고, 모든 관리들의 작위를 한 등급씩 올려주었다.

480년(소지 2) 2월에 관례대로 시조묘에 제사 지냈다. 그랬
음에도 5월, 수도에 가뭄이 들었다. 그 여파로 백성들이 굶주
리자, 소지는 10월에 창고의 곡식을 내어 진휼했다. 신라의
어려운 사정을 알았는지, 11월에는 말갈이 북쪽 변경을 침입

해 왔다.

481년(소지 3) 2월 국경 지역에 불안을 느낀 소지는 직접 비열성(比列城)에 행차하여 군사들을 위로하고 솜을 넣어 만든 군복을 내려주었다. 이렇게 대비한 보람은 바로 다음 달에 나타났다. 3월에 고구려가 말갈과 함께 북쪽 변경에 쳐들어온 것이다. 고구려군은 호명성(狐鳴城) 등 7개의 성을 함락하고, 미질부(彌秩夫)까지 진군해 왔다. 이때 신라 측에서는 백제·가야의 구원병과 함께 여러 방면에서 고구려군을 공략하는 작전을 썼다. 연합 작전에 시달리던 고구려군은 견디지 못하고 철수했다. 추격에 나선 신라·백제·가야 연합군은 이하(泥河)의 서쪽에서 고구려군을 공격하여 깨뜨렸는데, 1,000여 명의 목을 베는 전과를 올렸다.

이렇게 고구려의 침공을 격퇴한 뒤, 신라는 재해에 시달렸다. 482년(소지 4) 2월, 나무가 뽑힐 정도의 큰바람이 불었던 것이 시작이었다. 그리고 금성 남문에 불이 났다. 여름으로 접어드는 음력 4월에는 비가 오랫동안 내렸다. 홍수의 피해를 입은 사정을 감안하여, 소지는 전국의 관리들에게 죄수의 사정을 살피라는 명을 내렸다. 이런 상황인 5월, 왜인이 변경을 침입했다.

483년(소지 5)에는 4월에도, 심지어는 가을로 접어드는 7월에도 홍수가 났다. 그러자 소지는 10월에 일선(一善) 땅에 행차하여, 재해를 입은 백성들을 위문하고 곡식을 사정에 따라 나누어주었다. 그렇게 인심을 수습한 뒤인 11월에도 천둥이 쳤고, 수도에 전염병이 크게 번졌다.

484년(소지 6) 정월, 오함(烏含)을 이벌찬으로 삼았다. 3월에는 토성이 달을 침범하는 현상과 함께 우박이 내렸다. 7월에는 고구려가 또 북쪽 변경을 침략해 왔다. 신라 측에서는 백제의 구원병과 함께 모산성(母山城) 아래에서 고구려군을 맞아 싸워 크게 이겼다.

485년(소지 7) 2월, 고구려의 침략에 시달리던 소지는 구벌성(仇伐城)을 쌓았다. 그리고 4월에는 또다시 시조묘를 찾아 직접 제사 지내고, 사당지기[수묘守廟] 20집을 추가로 지정했다. 5월에는 동맹관계에 있는 백제가 사신을 보내왔다.

486년(소지 8) 정월, 이찬 실죽(實竹)을 장군으로 삼았다. 그리고 일선군 지역의 장정[정부丁夫] 3,000명을 징발하여 삼년산성(三年山城)과 굴산성(屈山城) 두 성을 수리했다. 2월에는 내숙(乃宿)을 이벌찬으로 삼아 국정에 참여시켰다. 그리고 4월, 왜인이 또 변경을 침범했다. 이런저런 전쟁이 잦던 8월, 소지는 낭산(狼山) 남쪽에서 대규모로 군대를 사열했다.

487년(소지 9) 봄 2월에 나을(奈乙)에 신궁(神宮)을 설치했다. 나을은 시조가 처음 태어난 곳이다. 3월에 사방에 우편역[우역郵驛]을 처음으로 설치하였고, 담당 관청에 명하여 관도

(官道)를 수리하게 했다. 7월에 월성을 수리했다. 겨울 10월에 천둥이 쳤다.

488년(소지 10) 정월, 소지는 거처를 월성으로 옮겼다. 2월에는 일선군에 행차하여 홀아비와 홀어미, 부모 없는 어린아이와 자식 없는 노인들을 위문하고 곡식을 사정에 따라 나눠주었다. 일선군에서 돌아오던 3월, 지나는 길에 있던 주와 군의 죄수들을 대상으로 두 가지 사형죄[이사二死]를 제외하고는 모두 풀어주는 조치를 취했다. 6월에 동양(東陽)에서 눈이 여섯 개인 거북을 바쳤다. 이 거북의 배 밑에 글자가 씌어 있었다 한다. 7월에는 도나성(刀那城)을 쌓았다.

489년(소지 11) 정월, 놀고먹는 백성들로 하여금 농사일을 하게 했다. 고구려·왜 등과의 분쟁 때문에 경제력 확보가 그만큼 시급해졌다는 의미로 볼 수 있다. 이러한 대비책이 기우가 아니었다는 점을 보여주려는 듯, 9월에 또 고구려가 북쪽 변경에서 기습을 감행해서 과현(戈峴)까지 진격해 왔다. 이어 10월에는 호산성(狐山城)을 함락했다.

490년(소지 12) 2월에는 비라성(鄙羅城)을 다시 쌓았다. 그리고 3월 용이 추라정(鄒羅井)에 나타난 다음, 처음으로 수도에 물건을 유통시킬 시장을 열었다.

492년(소지 14) 봄·여름에 걸쳐 가뭄이 들자, 소지는 평상시에 먹던 반찬 가짓수를 줄였다.

493년(소지 15) 3월, 백제 동성왕이 사신을 보내 혼인을 청해왔다. 소지는 이벌찬 비지(比智)의 딸을 보냈다. 그리고 난 뒤인 7월, 임해진(臨海鎭)과 장령진(長嶺鎭) 두 진(鎭)을 설치하여 왜적에 대비했다.

494년(소지 16) 여름으로 접어드는 음력 4월에 또 홍수가 났다. 7월에는 고구려와 다시 전쟁을 치러야 했다. 장군 실죽 등이 고구려와 살수(薩水)의 들판에서 싸우다가 불리해지자 견아성(犬牙城)으로 후퇴했다. 고구려 군이 그곳까지 추격해 포위했으나, 백제 동성왕이 보내준 3,000명의 구원군 덕분에 포위가 풀렸다.

495년(소지 17) 정월, 소지는 직접 신궁에 제사 지냈다. 8월, 이번에는 고구려가 백제 공략에 나서 치양성(雉壤城)을 포위했다. 백제 동성왕은 신라에 구원을 요청했고, 신라 측에서는 덕지를 지휘관으로 하는 부대를 파견했다. 고구려 군은 신라 구원군들이 도착하자 물러갔다. 동성왕은 신라에 사신을 보내 고마움을 표했다.

496년(소지 18) 2월, 가야국에서 꼬리의 길이가 5자에 이르는 흰 꿩을 보냈다. 3월에는 궁실을 거듭 수리했다. 연초, 가야에서 좋은 선물을 받은 보람도 없이 5월에는 큰 비가 내려 알천의 물이 넘쳤다. 이 때문에 집 200여 채가 떠내려가거나 물에 잠겼다. 7월에는 고구려가 또 침공해 왔다. 고구려군이 우산성(牛山城)을 공격해 오자, 장군 실죽(實竹)이 맞아 싸웠다. 실죽은 이하(泥河) 근처에서 고구려군을 공격하여 승리를 거두었다.

497년(소지 19) 4월 왜인이 또 변경을 침범해 왔다. 이는 그리 큰 문제가 되지 않았는지, 결과에 대한 기록이 없다. 그보다는 7월에 가뭄이 들고 메뚜기 떼의 피해를 입었던 것에 더 큰 비중을 두어 기록하고 있다. 소지는 여러 관리들에게 통치 능력이 있는 사람을 각기 한 명씩 천거하도록 했다. 그만큼 인재 부족을 느끼고 있었다는 뜻이다. 8월에는 고구려가 작년에 실패했던 우산성(牛山城) 공략을 다시 시도하여 함락했다.

500년(소지 22) 3월에는 좀처럼 신라 공략에 별 성과를 거두지 못하던 왜도 장봉진(長峰鎭)을 함락했다. 그러나 이 역시 신라에 심각한 피해를 주지는 못한 듯하다. 이 사건으로 인한 결과가 심각하게 기록되어 있지 않기 때문이다. 4월에 폭풍이 불어 나무가 뽑히고, 용이 금성의 우물에서 나타났다는 내용이 이어질 뿐이다. 그리고 수도에 누런색의 안개가 끼었다는 내용도 있다. 이해 11월, 소지가 죽었다.

소지마립간의 사생활

소지마립간에 관해서는 사생활에 관련된 내용이 제법 나타난다. 먼저 『삼국유사』에는 그가 즉위한 지 10년 째 되는 해에 있었던 스캔들에 대한 내용이 나온다. 이해에 소지마립간이 천천정(天泉亭)으로 행차했을 때, 까마귀와 쥐가 와서 울었다고 한다. 그러면서 쥐가 사람처럼 "이 까마귀가 가는 곳을 찾아가 보시오"라고 했다. 소지마립간은 기사(騎士)에게 까마귀를 따라가 보도록 명을 내렸다. 남쪽의 피촌[避村: 『삼국유사』를 쓸 당시 피촌(양피사촌 壤避寺村)은 남산의 동록東麓에 있었다 한다]까지 까마귀를 따라간 기사가 돼지 두 마리가 싸우고 있는 장면에 한눈을 판 사이 까마귀가 간 곳을 놓쳐버리고 말았다.

이때 한 늙은이가 못에서 나와 글을 올렸다. 그 겉봉에는 "이것을 떼어보면 두 사람이 죽을 것이고 가만 두면 한 사람이 죽을 것이다"라고 쓰여 있었다. 돌아온 기사는 소지에게 이것을 바쳤다. 이를 받아본 소지는, "두 사람이 죽느니 보다는 차라리 떼지 않고 한 사람이 죽는 것이 낫겠다"며 내용을 보지 않으려고 했다. 그 때 일관이 나서서 다른 의견을 올렸다. "두 사람은 보통 사람을 말함이오, 한 사람은 왕을 말합니다"라는 것이다. 이 말을 들은 소지는 겉봉을 떼어보았다.

안에서 나온 내용은 "거문고 갑을 쏘라"는 것이었다. 곧 궁으로 돌아간 소지는 거기 쓰여진 대로 거문고 갑을 쏘았다. 그랬더니 그 속에서 내전에서 분향수도[분수焚修]를 하던 중이 궁주(宮主)와 은밀하게 간통을 하고 있었다. 이를 본 소지는 두 사람을 사형에 처했다고 한다.

이다음부터 해마다 정월 상해(上亥),상자(上子),상오일(上午日)에 는 모든 일을 조심히 하고 움직이는 것을 삼가는 풍습이 생겼다. 그리고 15일을 오기일(烏忌日)이라 하여 찬밥으로 제사를 지내는 풍속이 생겨 『삼국유사』를 쓰던 시점까지도 이어지고 있다는 말도 나왔다. 속된 말로 이것을 '달도(怛忉)라고 한다는 것이다. 이는 "슬퍼하고 조심하며 모든 일을 금하고 꺼린다는 뜻"이라는 설명이 붙어 있다. 그리고 노인이 나온 못을 서출지(書出池)라 불렀다 한다.

말년 기록에도 그의 사생활에 관한 기록이 이어진다. 9월, 소지가 날이군(捺己郡)에 행차했을 때, 그 고을 사람 파로(波路)의 딸 벽화(碧花)와 관련된 내용이다. 당시 그녀의 나이는 16세로 신라 안에서 뛰어난 미인[國色]이었다고 한다. 파로는 그녀에게 수놓은 비단을 입혀 수레에 태우고, 색깔 있는 명주로 덮어서 소지에게 바쳤다. 소지는 음식을 보낸 줄 알고 명주를 걷어보니 어린 소녀가 있자, 이상하게 여겨 일단 받지 않았다. 하지만 소지가 왕궁에 돌아와 보니, 그녀의 미모가 계속 떠올랐다. 그래서 두세 차례 몰래 그 집을 찾아가 동침했다.

그런데 도중에 고타군을 지나다가 늙은 할멈의 집에 묵게 된 소지는, 자신에 대한 평판이 궁금해 정체를 숨기고 할 멈에게 임금에 대해 사람들이 어찌 생각하는지 물어보았다. 할멈은 "많은 사람들은 성인으로 여기지만, 여러 번 날이군의 여자와 관계를 맺으려 보통 사람들이 입는 옷을 입고 온다고 한다. 가장 높은 지위[萬乘之位]에 있는 임금이 이렇게 경솔하니 이런 사람이 성인이면 누가 성인이 아니겠나"라 대답했다. 그 말을 듣고 부끄러워진 소지는 몰래 그 여자를 맞아들여 별실을 마련해주었다. 그리고 그녀와의 사이에서 아들 하나를 낳았다. 이런 스캔들을 일으킨 다음인 11월, 소지가 죽었다.

그런데 이와 관련된 스캔들은 여기서 끝이 아니다. 『화랑세기』에는 소지의 왕비인 선혜(善兮)부인이 묘심(妙心)이라는 중과 간통했다는 내용이 나온다. 이 관계는 나중에 등극하는 법흥왕의 왕비와도 관련된다. 골품제 아래에서 신분을 유지하기 위해 근친상간을 할 수밖에 없었던 신라 왕실과 귀족 사회의 족보답게, 이 관계도 매우 복잡하게 얽혀 있는 것이다. 먼저 선혜부인이 딸을 둘 낳았다는 것부터 시작해야 할 것 같다. 큰딸은 태자 시절 법흥왕의 부인이 된 보도부인

(保道夫人)이다.

여기서 문제의 인물 하나가 등장한다. 바로 벽화의 남동생인 위화랑(魏花郎)이다. 그는 벽화가 궁으로 들어오자, 그 인연으로 궁에 출입하게 되었다. 그러면서 위화랑은 누나인 벽화에게 태자와 가까이 지내도록 권했다. 그렇게 두 사람이 사통한 결과 딸을 낳았다. 그녀가 삼엽궁주(三葉宮主)이다. 그만큼 태자비인 보도부인은 태자 시절 법흥왕의 총애를 받지 못한 것이다. 그런데 태자(법흥)는 또 다른 여자를 좋아하고 있었다. 그게 바로 선혜부인과 묘심(妙心)이 정을 통하여 낳은 오도(吾道)다. 결국 부인의 배다른 여동생을 좋아한 셈이다.

그런데 막상 오도는 위화랑과 서로 정을 통하는 사이였다. 오도는 이를 위해 삼엽궁주에게 아양을 떨기까지 했다한다. 그러다 보니 둘 사이에서 딸 옥진궁주(玉珍宮主)가 태어났다. 이를 알게 된 태자는 오도를 아시공(阿時公)에게, 벽화를 비량공(比梁公)에게 주어버렸다. 그러면서 정비(正妃) 보도부인을 총애하고, 위화랑을 멀리했다. 그러나 정작 보도부인의 태도는 달랐다. 그녀는 오히려 위화랑에게 덕이 있다고 여기고 지증왕에게 청하여 제사를 주관하는 천주天柱에 봉하게 해주었다. 위화랑을 후원한 사람은 보도부인 뿐만이 아니었다. 법흥왕의 어머니 연제태후(延帝太后) 또한 곧 위화랑을 총애하게 되어, 위화랑은 이찬(伊飡) 지위를 얻었다. 또 그의 딸 옥진 역시 법흥의 총애를 한 몸에 받게 되어, 보도를 비구니가 되도록 내몰고 위화랑을 가까이 하도록 만들었다.

제22대 지증마립간

500년(지증 1), 소지의 뒤를 이은 지증마립간(智證麻立干)
은 김씨 성(姓)에 이름은 지대로(智大路: 지도로智度路 또는 지철
로智哲老)다. 그는 소지왕(炤知王)의 직계가 아닌 재종 동생이
다. 그의 계보에 대해서는 내물왕의 증손으로 습보갈문왕(習
寶葛文王)의 아들이고, 어머니는 눌지왕의 딸 조생부인(鳥生
夫人)이라고 소개해놓았다. 소지가 아들 없이 죽었기 때문에,
그의 나이 64세에 왕위를 이어 받았던 것이다. 그의 왕비는
이찬 등흔(登欣)의 딸, 박씨 연제부인(延帝夫人)이다.

지증은 체격이나 담력이 남보다 컸다 한다. 『삼국유사』에
는 지증마립간의 독특한 신체조건이 연제부인을 왕비로 맞

게 된 원인이라 되어 있다. 문제가 된 신체 구조는 지증마립
간의 음경(陰莖) 길이가 1자 5치에 이르러 배필을 구하기가
어려웠다는 데 있었다. 그래서 이런 신체조건에 맞는 배필을
구하려 사람을 풀었다. 그러던 어느 날 배필을 찾던 사람이
모량부에 이르렀을 때, 동로수(冬老樹) 아래에서 개 두 마리
가 북 만한 크기의 똥 한 덩어리를 양쪽에서 물고 다투는 장
면을 보았다. 그래서 그 마을 사람들에게 똥의 임자에 대해
물으니, 한 소녀가 "모량부 상공의 딸이 빨래를 하다가 여기
에 싼 것"이라고 알려주었다. 그 집을 찾은 사자는 키가 7자
5치나 되는 여자를 발견했고, 이 사실을 왕께 아뢰었다. 그
러자 지증왕은 그 여자를 궁중으로 불러들이기 위해 수레를
보냈는데, 결국 데려와 배필로 삼았다. 신하들도 이를 경하
(慶賀)했다.

그가 마립간이라는 칭호를 쓴 마지막 신라 왕이기 때문인
지,『삼국사기』에는 통치자에 대한 신라의 칭호에 대해 사론
(史論)을 붙여 정리해놓았다. 신라 왕으로서 "거서간(居西干)
이라 칭한 이가 한 사람, 차차웅(次次雄)이라 칭한 이가 한 사
람, 이사금(尼師今)이라 칭한 이가 열여섯 사람, 마립간(麻立
干)이라 칭한 이가 네 사람이었다"는 것이다. 그런데 최치원
(崔致遠)이 지은 제왕연대력(帝王年代曆)에서는 거서간 등의
칭호는 쓰지 않고 모두 왕이라 써놓았다. 그래서 '혹시 신라

특유의 말이 촌스러워 그런 것일까?'라는 추측과 함께, 좌전(左傳)과 한서(漢書)를 인용하여 중국의 역사책임에도 초(楚)나라 말인 곡오도(穀於菟), 흉노(匈奴) 말인 탱리고도(撐犂孤塗) 등을 그대로 썼다는 사실을 대비시켰다. 그러니 신라의 역사를 기록할 때에도 그 특유의 방언을 그대로 쓰는 것이 마땅하다는 취지로 썼다.

502년(지증 3) 2월, 순장(殉葬)을 금지하는 영(令)을 내렸다는 기록이 나온다. 이전까지 국왕이 죽으면 남녀 각 다섯 명씩을 순장했는데, 이때 금지시켰다는 것이다. 이는 지증이 왕위에 있는 동안 실시했던 수많은 법령 정비의 시작이었다. 이 조치를 취하고 난 뒤, 그는 몸소 신궁(神宮)에 제사 지냈다. 3월에는 주(州)와 군(郡)의 수장들에게 농사에 힘쓰라는 명을 내렸고, 처음으로 논밭갈이에 소를 이용했다 한다.

503년(지증 4) 10월에는 나라 이름에 대한 신하들의 건의에 대한 내용이 나온다. "시조께서 나라를 세운 이래 나라 이름[국호國號]이 확정되지 않아 사라(斯羅)·사로(斯盧)·신라(新羅) 등이 뒤섞여서 쓰인다는 문제가 제기되었다. 그래서 덕업이 날로 새로워진다는 뜻의 신(新)과 '사방을 망라한다는 뜻의 라(羅)를 나라 이름으로 삼는 것이 마땅하다"는 취지였다. 또 "다른 나라에서는 예부터 제(帝)나 왕(王)을 칭하였는데, 우리는 지금까지 독자적인 칭호를 써왔지만, 이제는 신라국왕(新羅國王)을 쓰자"는 건의도 올렸다. 지증은 이 건의를 받아들였다. 지증의 즉위년에 통치자의 칭호에 관한 사론을 굳이 붙여놓은 이유도 이와 관련이 있는 듯하다.

504년(지증 5) 4월, 이번에는 상복(喪服)에 관한 법을 제정·반포하고 시행했다. 9월에는 사람들을 징발하여 파리성(波里城), 미실성(彌實城), 진덕성(珍德城), 골화성(骨火城) 등 12개의 성을 쌓았다.

505년(지증 6) 2월, 지증은 직접 나라 안의 주(州)·군(郡)·현(縣)을 정했다. 이 과정에서 실직주(悉直州)를 설치하고, 이사부(異斯夫)를 군주(軍主)로 임명했다. 군주(軍主)라는 명칭도 이때부터 시작되었다고 한다. 11월에 담당 관청에 명하여 처음으로 얼음을 저장하며, 선박 이용에 관한 제도 역시 정비했다. 국가조직이 생활에 밀접한 사업 운영에 깊이 개입하게 된 것이다.

506년(지증 7) 봄·여름에 걸쳐 가뭄이 들어, 백성이 굶주리는 사태가 일어났다. 지증은 창고의 곡식을 풀어 진휼하도록 조치를 취했다.

509년(지증 10) 정월, 수도에 동시(東市)를 설치했다. 신라 왕성에서 유통되는 규모가 커져 시장을 더 개설한 조치라 볼 수 있다. 3월에는 함정을 설치하여 맹수의 피해를 막도록 했는데, 엉뚱하게 음력 7월에 서리가 내려 콩이 피해를 입었다.

510년(지증 11) 5월에는 지진이 일어나 백성의 집이 무너지고 사람이 죽었다. 10월에는 천둥이 쳤다.

512년(지증 13) 6월, 우산국(于山國)을 복속시켜 해마다 토산물을 바치도록 했다. 당시부터 울릉도(鬱陵島)라고도 불렸던 우산국은, 명주(溟州)의 정동쪽 바다에 있는 섬이라고 소개되어 있다. 사방 100리의 면적을 가진 이 섬 사람들은, 지세가 험한 것을 믿고 신라에 굴복하지 않았다. 이를 굴복시킨 인물이 하슬라주(何瑟羅州) 군주로 부임했던 이찬 이사부(異斯夫)였다. 그는 "우산국 사람은 어리석고도 사나워서 힘으로 복속시키기는 어려우나 꾀로는 복속시킬 수 있다"고 했다. 그리고는 나무로 사자를 많이 만들어 전함에 나누어 싣고 우산국 해안에 이르렀다. 여기서 이사부는 "너희가 만약 항복하지 않으면 이 사나운 짐승을 풀어 밟아 죽이겠다"고 허풍을 쳤다. 여기 넘어간 우산군 사람들이 두려움을 느끼고 항복했다 한다.

514년(지증 15) 정월, 아시촌(阿尸村)에 소경(小京)을 설치했다. 7월에는 6부와 남쪽 지방 사람들을 그곳으로 옮겨 사람을 채웠다. 그리고 지증이 죽었다. 그의 시호(諡號)를 지증(智證)이라 정한 것이, 신라에서 시호를 사용한 시발점이다.

신라왕조실록 1 혁거세거서간~지증마립간 편

펴낸날	초판 1쇄 2017년 8월 25일

지은이	이희진
펴낸이	심만수
펴낸곳	(주)살림출판사
출판등록	1989년 11월 1일 제9-210호

주소	경기도 파주시 광인사길 30
전화	031-955-1350 팩스 031-624-1356
홈페이지	http://www.sallimbooks.com
이메일	book@sallimbooks.com

ISBN	978-89-522-3709-5 04080
	978-89-522-0096-9 04080 (세트)

※ 값은 뒤표지에 있습니다.
※ 잘못 만들어진 책은 구입하신 서점에서 바꾸어 드립니다.

이 도서의 국립중앙도서관 출판시도서목록(CIP)은 서지정보유통지원시스템 홈페이지
(http://seoji.nl.go.kr)와 국가자료공동목록시스템(http://www.nl.go.kr/kolisnet)에서
이용하실 수 있습니다.(CIP제어번호: CIP2017018742)

책임편집·교정교열 **성한경·김건희**

085 책과 세계

강유원(철학자)

책이라는 텍스트는 본래 세계라는 맥락에서 생겨났다. 인류가 남긴 고전의 중요성은 바로 우리가 가 볼 수 없는 세계를 글자라는 매개를 통해서 우리에게 생생하게 전해 주는 것이다. 이 책은 역사라는 시간과 지상이라고 하는 공간 속에 나타났던 텍스트를 통해 고전에 담겨진 사회와 사상을 드러내려 한다.

056 중국의 고구려사 왜곡   eBook

최광식(고려대 한국사학과 교수)

중국의 고구려사 왜곡의 숨은 의도와 논리, 그리고 우리의 대응 방안을 다뤘다. 저자는 동북공정이 국가 차원에서 진행되는 정치적 프로젝트임을 치밀하게 증언한다. 경제적 목적과 영토 확장의 이해관계 등이 복잡하게 얽혀 있는 동북공정의 진정한 배경에 대한 설명, 고구려의 역사적 정체성에 대한 문제, 고구려사 왜곡에 대한 우리의 대처방법 등이 소개된다.

291 프랑스 혁명   eBook

서정복(충남대 사학과 교수)

프랑스 혁명은 시민혁명의 모델이자 근대 시민국가 탄생의 상징이지만, 그 실상을 아는 사람은 많지 않다. 프랑스 혁명이 바스티유 습격 이전에 이미 시작되었으며, 자유와 평등 그리고 공화정의 꽃을 피기 위해 너무 많은 피를 흘렸고, 혁명의 과정에서 해방과 공포가 엇갈리고 있었다는 등의 이야기를 통해 프랑스 혁명의 실상을 소개한다.

139 신용하 교수의 독도 이야기   eBook

신용하(백범학술원 원장)

사학계의 원로이자 독도 관련 연구의 대가인 신용하 교수가 일본의 독도 영토 편입문제를 걱정하며 일반 독자가 읽기 쉽게 쓴 책. 저자는 역사적으로나 국제법상으로 실효적 점유상으로나, 어느 측면에서 보아도 독도는 명백하게 우리 땅이라고 주장하며 여러 가지 역사적인 자료를 제시한다.

144 페르시아 문화

신규섭(한국외대 연구교수)

인류 최초 문명의 뿌리에서 뻗어 나와 아랍을 넘어 중국, 인도와 파키스탄, 심지어 그리스에까지 흔적을 남긴 페르시아 문화에 대한 개론서. 이 책은 오랫동안 베일에 가려 있던 페르시아 문명을 소개하여 이슬람에 대한 편견과 오해를 바로 잡는다. 이태백이 이란계였다는 사실, 돈황과 서역, 이란의 현대 문화 등이 서술된다.

086 유럽왕실의 탄생

김현수(단국대 역사학과 교수)

인류에게 '예술과 문명' 그리고 '근대와 국가'라는 개념을 선사한 유럽왕실. 유럽왕실의 탄생배경과 그 정체성은 무엇인가? 이 책은 게르만의 한 종족인 프랑크족과 메로빙거 왕조, 프랑스의 카페 왕조, 독일의 작센 왕조, 잉글랜드의 웨섹스 왕조 등 수많은 왕조의 출현과 쇠퇴를 통해 유럽 역사의 변천을 소개한다.

016 이슬람 문화

이희수(한양대 문화인류학과 교수)

이슬람교와 무슬림의 삶, 테러와 팔레스타인 문제 등 이슬람 문화 전반을 다룬 책. 저자는 그들의 멋과 가치관을 흥미롭게 설명하면서 한편으로 오해와 편견에 사로잡혀 있던 시각의 일대 전환을 요구한다. 이슬람교와 기독교의 관계, 무슬림의 삶과 낭만, 이슬람 원리주의와 지하드의 실상, 팔레스타인 분할 과정 등의 내용이 소개된다.

100 여행 이야기

이진홍(한국외대 강사)

이 책은 여행의 본질 위를 '길거리의 철학자'처럼 편안하게 소요한다. 먼저 여행의 역사를 더듬어 봄으로써 여행이 어떻게 인류 역사의 형성과 같이해 왔는지를 생각하고, 다음으로 여행의 사회학적·심리학적 의미를 추적함으로써 여행에 어떤 의미를 부여할 것인가에 대해 말한다. 또한 우리의 내면과 여행의 관계 정의를 시도한다.

293 문화대혁명 중국 현대사의 트라우마

eBook

백승욱(중앙대 사회학과 교수)

중국의 문화대혁명은 한두 줄의 정부 공식 입장을 통해 정리될 수 없는 중대한 사건이다. 20세기 중국의 모든 모순은 사실 문화대혁명 시기에 집약되어 있다고 해도 과언이 아니다. 사회주의 시기의 국가·당·대중의 모순이라는 문제의 복판에서 문화대혁명을 다시 읽을 필요가 있는 지금, 이 책은 문화대혁명에 대한 안내자가 될 것이다.

174 정치의 원형을 찾아서

eBook

최자영(부산외국어대학교 HK교수)

인류가 걸어온 모든 정치체제들을 매우 짧은 기간 동안 시험하고 정비한 나라, 그리스. 이 책은 과두정, 민주정, 참주정 등 고대 그리스의 정치사를 추적하고, 정치가들의 파란만장한 일화 등을 소개하고 있다. 특히 이 책의 저자는 아테네인들이 추구했던 정치방법이 오늘 우리 사회가 당면한 문제를 해결할 수 있는 지혜의 발견에 도움을 줄 수 있을 것이라고 말한다.

420 위대한 도서관 건축순례

eBook

최정태(부산대학교 명예교수)

이 책은 도서관의 건축을 중심으로 다룬 일종의 기행문이다. 고대 도서관에서부터 21세기에 완공된 최첨단 도서관까지, 필자는 가능한 많은 도서관을 직접 찾아보려고 애썼다. 미처 방문하지 못한 도서관에 대해서는 문헌과 그림 등 가능한 많은 정보를 수집하려 노력했다. 필자의 단상들을 함께 읽는 동안 우리 사회에서 도서관이 차지하는 의미에 대해 다시 생각하게 된다.

421 아름다운 도서관 오디세이

eBook

최정태(부산대학교 명예교수)

이 책은 문헌정보학과에서 자료 조직을 공부하고 평생을 도서관에 몸담았던 한 도서관 애찬가의 고백이다. 필자는 퇴임 후 지금까지 도서관을 돌아다니면서 직접 보고 배운 것이 40여 년 동안 강단과 현장에서 보고 얻은 이야기보다 훨씬 많았다고 말한다. '세계 도서관 여행 가이드'라 불러도 손색없을 만큼 풍부하고 다채로운 내용이 이 한 권에 담겼다.

eBook 표시가 되어있는 도서는 전자책으로 구매가 가능합니다.

016 이슬람 문화 | 이희수
017 살롱문화 | 서정복 eBook
020 문신의 역사 | 조현설
038 헬레니즘 | 윤진 eBook
056 중국의 고구려사 왜곡 | 최광식 eBook
085 책과 세계 | 강유원
086 유럽왕실의 탄생 | 김현수 eBook
087 박물관의 탄생 | 전진성 eBook
088 절대왕정의 탄생 | 임승휘 eBook
100 여행 이야기 | 이진홍 eBook
101 아테네 | 장영란 eBook
102 로마 | 한형곤 eBook
103 이스탄불 | 이희수 eBook
104 예루살렘 | 최창모 eBook
105 상트 페테르부르크 | 방일권 eBook
106 하이델베르크 | 곽병휴 eBook
107 파리 | 김복래 eBook
108 바르샤바 | 최건영 eBook
109 부에노스아이레스 | 고부안 eBook
110 멕시코 시티 | 정혜주 eBook
111 나이로비 | 양철준
112 고대 올림픽의 세계 | 김복희 eBook
113 종교와 스포츠 | 이창익
115 그리스 문명 | 최혜영
116 그리스와 로마 | 김덕수 eBook
117 알렉산드로스 | 조현미
138 세계지도의 역사와 한반도의 발견 | 김상근 eBook
139 신용하 교수의 독도 이야기 | 신용하
140 간도는 누구의 땅인가 | 이성환 eBook
143 바로크 | 신정아
144 페르시아 문화 | 신규섭 eBook
150 모던 걸, 여우 목도리를 버려라 | 김주리
151 누가 하이카라 여성을 데리고 사노 | 김미지
152 스위트 홈의 기원 | 백지혜 eBook
153 대중적 감수성의 탄생 | 강심호
154 에로 그로 넌센스 | 소래섭 eBook
155 소리가 만들어낸 근대의 풍경 | 이승원
156 서울은 어떻게 계획되었는가 | 염복규 eBook
157 부엌의 문화사 | 함한희
171 프랑크푸르트 | 이기식 eBook

172 바그다드 | 이동은 eBook
173 아테네인 스파르타인 | 윤진 eBook
174 정치의 원형을 찾아서 | 최자영 eBook
175 소르본 대학 | 서정복
187 일본의 서양문화 수용사 | 정하미
188 번역과 일본의 근대 | 최경옥
189 전국시대 일본 | 이성환 eBook
191 일본 누드 문화사 | 최유경
192 주신구라 | 이준섭
193 일본의 신사 | 박규태 eBook
220 십자군, 성전과 약탈의 역사 | 진원숙
239 프라하 | 김규진 eBook
240 부다페스트 | 김성진 eBook
241 보스턴 | 황선희
242 돈황 | 전인초 eBook
249 서양 무기의 역사 | 이내주
250 백화점의 문화사 | 김인호
251 초콜릿 이야기 | 정한진
252 향신료 이야기 | 정한진
259 와인의 문화사 | 고형욱
269 이라크의 역사 | 공일주
283 초기 기독교 이야기 | 진원숙
285 비잔틴제국 | 진원숙 eBook
286 오스만제국 | 진원숙 eBook
291 프랑스 혁명 | 서정복 eBook
292 메이지유신 | 장인성
293 문화대혁명 | 백승욱 eBook
294 기생 이야기 | 신현규 eBook
295 에베레스트 | 김법모 eBook
296 빈 | 인성기 eBook
297 발트3국 | 서진석 eBook
298 아일랜드 | 한일동
308 홍차 이야기 | 정은희 eBook
317 대학의 역사 | 이광주
318 이슬람의 탄생 | 진원숙
335 고대 페르시아의 역사 | 유흥태
336 이란의 역사 | 유흥태
337 에스파한 | 유흥태
342 다방과 카페, 모던보이의 아지트 | 장유정
343 역사 속의 채식인 | 이광조

371 대공황 시대 | 양동휴 eBook
420 위대한 도서관 건축순례 | 최정태 eBook
421 아름다운 도서관 오디세이 | 최정태 eBook
423 서양 건축과 실내 디자인의 역사 | 천진희 eBook
424 서양 가구의 역사 | 공혜원 eBook
437 알레산드리아 비블리오테카 | 남태우 eBook
439 전통 명품의 보고, 규장각 | 신병주 eBook
443 국제난민 이야기 | 김철민 eBook
462 장군 이순신 | 도현신 eBook
463 전쟁의 심리학 | 이윤규 eBook
466 한국무기의 역사 | 이내주 eBook
486 대한민국 대통령들의 한국경제 이야기1 | 이장규 eBook
487 대한민국 대통령들의 한국경제 이야기2 | 이장규 eBook
490 역사를 움직인 중국 여성들 | 이양자 eBook
493 이승만 평전 | 이주영 eBook
494 미군정시대 이야기 | 차상철 eBook
495 한국전쟁사 | 이희진 eBook
496 정전협정 | 조성훈 eBook
497 북한 대남침투도발사 | 이윤규 eBook
510 요하 문명(근간)
511 고조선왕조실록(근간)
512 고구려왕조실록 1(근간)
513 고구려왕조실록 2(근간)
514 백제왕조실록 1(근간)
515 백제왕조실록 2(근간)
516 신라왕조실록 1(근간)
517 신라왕조실록 2(근간)
518 신라왕조실록 3(근간)
519 가야왕조실록(근간)
520 발해왕조실록(근간)
521 고려왕조실록 1(근간)
522 고려왕조실록 2(근간)
523 조선왕조실록 1 | 이성무 eBook
524 조선왕조실록 2 | 이성무 eBook
525 조선왕조실록 3 | 이성무 eBook
526 조선왕조실록 4 | 이성무 eBook
527 조선왕조실록 5 | 이성무 eBook
528 조선왕조실록 6 | 편집부 eBook

㈜살림출판사
www.sallimbooks.com
주소 경기도 파주시 문발동 522-1 | 전화 031-955-1350 | 팩스 031-955-1355